致世界上
所有爲社會
創造幸福的企業家們

作者

釋法藏

生於台灣北投。成大物理系畢，一九八七年披剃於台中護國清涼寺上慧下顗長老座下。學佛、出家以來廣參教內長老、尊宿，曾住山靜修數年、擔任淨土專宗佛學院、台中南普陀佛學院教務主任、佛教傳布協會會長及戒場三師等職。分別於上了下一、上顯下明長老座下，接天台宗第四十六代法卷。

法師以僧教育爲職志，以「教學天台、行尊律儀、住依僧團、修歸淨土」爲宗旨。平日除撰述論文、學院講學與出席國際佛學會議外，亦常受邀至國內外道場與大專院校講演佛法。創辦僧伽林善緣慈善會，及護生善緣股份有限公司，推動社會慈善事業。創立僧伽林文化出版公司及法妙印經會，推廣精緻經典文化。一九九八年開始關心宗教自由人權及宗教立法問題，二零一七年創立台灣宗教聯合會，投入《宗教基本法》草擬與立法工作的推動至今。

現住錫於台南楠西萬佛寺。

現任

《僧伽》雜誌 發行人

僧伽林教育院 院長

僧伽林文教基金會 負責人

僧伽林文化出版社 負責人

楠西萬佛寺 方丈

滿州千華寺 住持

南化聖天宮 住持

佛教衛星慈悲電視台 台長

台灣宗教聯合會 秘書長

（台灣）中佛會 顧問

著作

《法華三昧輔行集註》
《天台宗入門（講義）》
《僧伽教育》
《得戒教育》
《大愛道比丘尼經講記》
《彌陀要解五重玄義講記》
《淨土深義》
《佛七精要》
《信願念佛》
《水月鈔》（漢傳佛教中興之思考）
《法藏比丘的非思不可》
《普賢十大願講記》
《佛法與社會企業》
《從宗教人權覺醒談優質政教關係之建立》

AEROSTAR
Kubota

實地訪視(左) | 黑豆結莢(中) | 黑豆田(右)

有機黑豆醬油
純釀 選用屏東滿州鄉原生種黑豆 甘醇味美
有機黑豆醬油
純釀 選用屏東滿州鄉原生種黑豆 甘醇味美

研發｜護生善緣股份有限公司

臺灣

原生種

黑豆系列商品

作者｜釋法藏

《佛法與社會企業》之於企業家深有期待

因爲民國一零六年六月間《宗教團體法》草案內容，諸多條文並不符合大法官會議釋字第五七三號解釋之維護「宗教團體」的宗教自由，宗教界也發起—「衆神上凱道」活動陳情，建議內政部應就該條文再細心斟酌，內政部也從善如流，因此決定緩推該法之制訂。

惟本人基於悍衛宗教人權之理念，建議應比照《原住民族基本法》等相關立法之方式，先制定《宗教基本法》做爲「框架法」，再來訂立《宗教團體法》草案，蒙法藏法師認同，隨後再這幾年來不斷地共同推動《宗教基本法》的立法。

在這過程中，本人深受法藏法師之弘揚佛法，利益眾生的精神所感動，法藏法師深具大智慧，思路清晰，勇於承擔，敢道出自已內心所堅信之眞理。

日前法藏法師向本人邀約，為其《佛法與社會企業》之大作寫序，本人受寵若驚，誠惶誠恐，此乃因本人四十餘年來僅是一位「法律工作者」，對於佛法僅稍有涉獵，可謂是門外漢，但法藏法師既有所交待，本人自不敢違命！

《佛法與社會企業》一書對於「企業家」深有期待，強調企業家應引領世界，而企業家既要引領世界，自應先確立企業家應以「正確動機」來經營企業，進而在認知經營「良善企業」對於個人生命所具有的意義。因而認定一企業的成功，應是指能運用人所本具之「覺性」，運用「善心」，善用資源，且不爲私利去破壞生態者，才有資格稱之。

由於佛法，強調「八正道」（正見、正思惟、正語、正業、正命、正精進、正念、正定），並重視「因果」，且運用「四攝法」（布施、受語、利行、同事）及「六度波羅蜜」（布施、持戒、忍辱、精進、禪定、般若智慧），讓自已能圓滿人生。

如果企業家能深悉上述佛法的道理，運用到企業經營，就可以正派經營，愛護員工、消費者，重視環境；再運用所賺的錢，進行「布施」。由於布施由諸多利益，如：降伏慳吝、生富豪家、四衆愛樂（人緣好）、入衆不怯、勝名流布、不離善知識、能夠成就無上的智慧……等等。所以，目前國內外皆可看到樂善好施的企業家，於經營企業時扮演「給予者」，透過與他人間的人脈互動，創造出增加利益，增進別人對自已的信任，進而獲得更多的協助。國外如：比爾蓋茲、巴菲特、洛克斐勒……等；至於國內如：王文洋先生於獲得其父親遺產分配後，爲感念其父母，成立「王永慶文教基金會」、「王月蘭慈善基金會」；和泰、大金公司蘇一仲先生於公司獲利，也不斷地運用各種機會回饋社會，包括成立「公益信託」；潤泰尹衍樑先生拿出自企業的鉅額獲利，設置「唐獎」……等等。

目前企業必須推動 ESG 即 Enviroment（環境保護）、Social（社會責任）及 Governance（公司治理），俾符合善盡「社會責任」，這是符合「正道」，重視所有利益者的利益平衡，兼顧環境保護，才能實現人類的「永續發展」。

法藏法師精通佛法，且自己創設「護生善緣股份有限公司」，澤被衆生，他的這本大作對於台灣的企業界，必定可以發揮深遠的影響，使台灣有更多行「八正道」的企業家，讓台灣能成爲一和諧、富裕、環境優美的人間淨土。

李永然 律師

（永然法律基金會 董事長）

但開風氣不爲師

時間過得眞快，六年的光陰倏忽卽過，但智慧歷久而彌新，知識溫故而知新。

二零一五年三月下旬，法藏法師應邀前往中國北京大學，出席企業家「信仰與人生系列七之佛法智慧，修身立業」高層論壇，在博雅國際酒店中華廳以一天半的時間發表專題講座，吸引了來自各地三百多位企業家共襄盛會，聆聽箴言。

法藏法師透過佛法深層次的思維，從企業經營與生命意義、企業成功與否的眞正標準、優質企業文化的建立等三個面向，深人剖析企業的本質與實踐，並引導大眾運用企業化組織的力量，實踐造福社會的目標，從而圓滿生命終極之關懷。在論壇圓滿落幕時，法藏法師用佛法的智慧引領企業家們體察內心，安寧本我，瞭解企業經營與生命的意義，建立優質的企業文化，更引發了學員的極大共鳴。

法藏法師返台之後，將這些精闢豐富的論壇內容加以彙整，並出版《以佛法談企業的本質與實踐》一書，由僧伽林文化事業出版社出版，在內部廣加傳佈。時隔六年有餘，舊作再重新修訂、編輯、設計，出版《佛法與社會企業》一書，仍維持原論壇的精華文本以及法師一貫的精神旨趣，只就當時的行文偏重「口語化」修飾爲「閱讀體」，部分內容經查證後略加勘正，並正式對外發行，希望更廣爲流通而能普及化，同時將以電子書形式出版，期能無遠弗屆以傳播善法善行。

哲學家西塞羅曾經說過：「追求財富的增長，不是爲了滿足一己的貪欲，而是爲了要得到一種行善的工具。」只有將財富當作「行善的工具」去追求，才能使財富發揮出更大的作用。法藏法師出版《佛法與社會企業》這本書的目的，正是基於這樣的理念出發，因此在第一章「企業家該怎麼樣來引領世界」裡，就開宗明義的楬櫫他心目中的願景：從企業的社會責任出發，建立世界性的和諧共榮；提供具體可操作的佛法理念與方向；超越利益展現生命價值，事業變志業。

在台灣，提到佛法與企業經營，最爲人所熟知的，不是台灣的企業家，而是稻盛和夫，主要是出版稻盛和夫書籍的中文譯本早已「著作等身」，其中，包括由大喜文化在二零一五年出版的《稻盛和夫的商聖之路：用佛陀的智慧把破產企業變成世界五百強》等，對稻盛和夫之於佛法應用在企業經營，都有深刻的描繪。

稻盛和夫在十二歲那一年差點死於結核病，因爲那次瀕死經驗，讓他開始接觸佛法，之後每遇到困境都會以佛陀的智慧來解決問題。六十五歲退休後，他在京都臨濟宗妙心寺派圓福寺出家修行，七十八歲被日本政府指定爲重建日本航空公司的領導者，隔年創造利潤達到十六億美元，寫上歷史新高，在日本被譽爲「商聖」。

稻盛和夫系統化整理修行時的所思所想，寫下《活法》等一系列著作，融會貫通了佛教思想和經營之道，還包含了正確思維、人生哲學、生活態度、社會倫理觀等人格因素，並自我總結的成功方程式：成功等於「人格理念」乘以「努力」乘以「能力」。稻盛和夫的成功理念，是將佛道融合於人道和商道，把人格修煉放到企業家的最高位置。

他說：「命運乃經紗，因果法則乃緯紗，兩者交織而成的布就是人生。」他的一生，始終秉持著因果報應法則的信念，並在實踐中忠實地貫徹，使他對事物的判斷變得很簡單，不僅事業上獲得巨大成功，人生靈魂的修煉也取得了殊勝圓滿。

稻盛和夫之於佛法的修煉、之於企業經營的成功，在本書第四章「企業經營與企業家」可以得到很好的參照。法藏法師雖然在北京大學的論壇中沒有舉例稻盛和夫爲例，但本章第二節「應建立良善的人生價值觀」，深入剖析認知緣起因果努力而隨緣、更修善心召感當來善因緣，說得就是因果報應法則；第三節「認清生命本質與存在意義」中的「願與衆生皆共成佛道」，講的就是人生的終極關懷。

除了稻盛和夫之外，另一位台灣所熟悉的亞洲首富李嘉誠也是虔誠的佛教徒。在二零一八年自集團董事局主席退下來之後，他自許要善用餘生盡社會公益事業，事實上，他早已宣布捐出個人財產的百分之七十做公益。

李嘉誠來自佛教家庭，深信三世因果，深信佈施和富貴的內在必然聯系，深知慈悲喜捨的精神和舉止是佛菩薩的特色。他獨資捐贈近新台幣一百億元，在香港新界大埔興建慈山寺，唐朝佛寺的風格極爲清雅素淨，高達七十六公尺、約二十五層樓的白觀音聖像，以超過六百噸的錫青銅鑄造，十八公尺高的大雄寶殿，供奉釋迦牟尼佛、藥師佛及阿彌陀佛，佛頂有金蓮花華蓋，佛像後方壁畫取材自敦煌石窟，再嵌入國學大師饒宗頤手筆的《心經》。

慈山寺山門橫樑上掛著「入解脫門」匾額，大雄寶殿內的立柱，掛上禪門對聯：「即有之空一法不立，即空之有萬法全彰」，據說是一生征戰商場的李嘉誠最有感受的佛心禪語。這副對聯，是說諸法空相，沒有一法是眞的，只是方便運用而已，緣起性空，性空緣起，一切都是空，這個空是法性本質的空，雖是空但也有妙有的用，妙有中萬法都可以顯現。整體的意思就是法性的體和用的特性。

李嘉誠年幼喪父、中年之後喪妻，老年之際長子遭到綁架，純就俗世人間的冷暖體會不可謂之不深。因此，除了在寺門題慈山寺外，他在《建築慈山》一書也撰寫後記；他自述，企業家置身隱隱隆隆的風雨，面對全球逆變與生機，在職守與公義間，對佛法所言的苦與無常有體會。他更慨嘆人生短促：「生老病死，壓力糾纏，心魂疲憊。世人誰不追求安定和平之逸，蒼生誰不嚮往有所依止之甘？」

李嘉誠之於俗世的經歷、之於佛法的體會，在本書第三章「企業經營與生命的意義」可以得到明確的印證，尤其是第二節「生命追求的幾種層次」講到的「生命：追求的是意義」。法藏法師寫道，生命追求的意義，包括仰望生命厚度是追求的動力、以終極關懷完成現世目的兩部分，其中，生命是一次次因果的堆疊以及活出生命價值更種未來因這兩個關鍵元素，不就是李嘉誠：「世人誰不追求安定和平之逸，蒼牛誰不嚮往有所依止之甘？」的嚮往寫照。

稻盛和夫及李嘉誠是典型的「佛商」，或說是「佛商」的典範。依《百度百科》的解釋，佛商是以佛學理念爲指導、從事商業經營活動的企業家，可以表示爲：佛商等於佛加商，也就是信佛的企業家。佛商與普通商人的本質區別表現在以下三方面：一是有慈悲心——能承擔企業責任，慈悲濟世，熱衷社會公益事業；二是發菩提心——誠信、善良、仁愛、智慧；三是有修行心——行動、持久、無我。

《佛法與社會企業》這本書的一大部分，就是講「佛商」的內在涵養與外在作爲，但法藏法師不單講企業的社會責任，還透過東西方商業思維與運作的今昔對比與演變，剖析了資本主義之弊與匡正之道，更進一步以「護生善緣股份有限公司」爲例（詳見第六章「優質企業文化的建立」），說明何謂社會企業、完全社會企業。

按照法藏法師的創見，完全社會企業有三個重要指標，包括實業慈善正義三位一體、依於性善與自覺爲信仰，以及以人類身心安頓爲目標。而他發起、創設「護生善緣股份有限公司」，目標就是爲了實現完全社會企業的理念和理想。

藏傳佛教格魯派僧侶麥可．羅區格西所著的《當和尚遇到鑽石》，在許多篤信佛教的商界人士中流傳一時。在這本書中，這位藏傳佛教僧侶極力在商業領域推展自我抽離和自他互換的佛教修行。他認爲，從事商業的佛教徒，應該要在賺取金錢時，能夠確信自己也改變了世界，讓世界有了些許差別，認眞將商業活動本身看作佈施的道場，認眞關注所佈施的每一分錢播種出了是好或壞的銘印。

法藏法師出版《佛法與社會企業》一書，立論宏偉，次第分明，重新發行，廣傳大衆，無非是希望讓更多從事商業的佛教徒能夠有所遵循，讓更多從事商業的非佛教徒能夠有所參考，發揮善的力量，讓事業變志業，建立世界性的和諧共榮。

回頭去看稻盛和夫一九八三年創辦的「盛和塾」，義務向企業經營者傳授自己的經營哲學和管理理念，二十八年來，企業家塾生約六千多人。稻盛和夫用一生踐行「如法獲財」、「自利利人」的佛教智慧，並帶動了大批日本佛商企業。

《易經》云：「取法乎上，僅得其中；取法乎中，僅得其下。」法藏法師創設「護生善緣股份有限公司」，澤被眾生，志向遠大，期待有朝一日可以兌現，如若時機尚未成熟，深信在此過程中也可像稻盛和夫一樣，引領華人佛商企業的興起。

邱文通
（聯合報系文化基金會 營運長）
（有故事股份有限公司 執行長）

運用價值觀喚起企業生命力

好友邱文通執行長邀我爲《佛法與社會企業》作序，他說：「我贈書您的大作《生命之美——站在生命的心起點》給法藏法師，師父看過之後，請我力邀凌董作序。懇請賜稿，謝謝您！」

生命之謎是我從小就想探索的領域，一直篤信企業家心靈是經營卓越的重大助力，拜讀書稿後，個人獲益良多，相信也利益衆生。因此，與其說應邀作序，不如說是將我的讀書心得分享給大家，希望衆人也獲益。讀書心得有五部分，分述如下：

一、我的立即獲益

師父的大作不僅論述精闢，且深入淺出，又平實易懂，首先受惠者是我自己，此書清楚地解答了我一些似懂非懂的問題，例如因果關係。

師父說：「由因到果要有緣的完成，緣其實就是遠因，疏遠之因，我們給它一個名稱叫作緣；近因我們給它一個名稱叫作強因。簡單講，近因加遠因整合成爲一個果。」

師父再佐以實例解釋：「一顆種子等一百年也等不出長出植物來，爲什麼？雖然有這顆種子的近因，可是沒有那個遠因，我必須把它放在濕潤的泥土裡，然後澆水、陽光日照，溫濕適中，才會開始發芽。所以單因強因也不一定完全能成果，還要有適當的緣，像是陽光、空氣和水。那週遭來的各種緣，有時你也決定不了，除非自己去造，澆水還可以，太陽溫度就很難了。有時你得等待，有些眞的不是你能做的，但你一樣能召感，因爲你的召感會有福報。」

以我爲例，退休後不自量力寫了拙作《生命之美——站在生命的心起點》是遠因，完成了我對生命奧妙的探索心願，已無他想，但突然出現了文通兄的強因，竟然意外促成了作序的果。師父的解釋清晰地詮釋了「盡人事以合天」的涵意。

再者，師父說：「佛法的道理就像大海一樣，海雖大，飲一滴而知全味。」師父要我們，無論個人或企業，去觸碰到「人人皆有、人人皆同的那顆溫暖柔軟的心」。「海洋很大，撈起其中一滴，量有差別，但味道跟廣大的海水是一樣的，但這一滴放在不同的容器，肯定有不一樣的表現。」

一滴海水就如同每個人的心，當瞭解了你的心，無論個人或企業就能漸漸瞭解你的所想、所說、所作，將會帶給你什麼樣的果報。

師父期盼每個人或企業要從內心覺醒與渴望作基礎，迎向未來，更提倡企業家運用佛法經營企業，但不要求無限上綱到聖性，而是要企業家懂得平衡；同時最好能發揮善的力量，讓事業變志業，追求企業永續發展的未來。

雖然有人認爲佛法難懂難悟，猶如盲胞摸象領會不一，但師父的論述都會用實例來佐證，例子的主角可能都是你我，祇要自己慢慢品嚐，用心思索，如人飲水冷暖自知，體會或領悟可能瞬間湧現，頓然有一通百通、一順百順的收穫及喜悅。

如何一通百通、一順百順之後，再得到強因來作成功的助力？答案盡在書中；如何妙用生命奧祕，把生命及企業經營成功？全然可在此書找到圓滿的答案。

二、由自己的內心啟動

師父從三個面向剖析企業的本質和實踐：㈠企業經營與生命意義、㈡企業成功與否的眞正標準、㈢優質企業文化的建立。期盼企業家運用企業組織的力量，實踐造福社會的目標，從而圓滿企業家現世達成終極關懷的生命價值。

但談企業經營之前，師父開宗名義論述要先從企業家的內心世界說起，再擴及企業。此主張糾正了由外向內的錯誤思考模式，一般人都從最外層找答案，依序是「What 做什麼？」「How 怎麼做？」最後才是「Why

爲什麼做？」

師父認爲，要追求成功的思考方式應由內向外，先由自己的內心世界啟動，尋找自己想要成功的目標或理想，然後再訴求自己的外在世界，配合實踐。

師父點破了成功的盲點，很多人祇知道自己有夢想，也找到要做什麼或不想做什麼的渴望，但可惜不知道最佳的開始，是先向內心尋找答案及助力。因爲內心世界才是自己生命的根據地，當提升了自己內在的力量，朝向目標前進時，會湧現出自己的內心潛能，人的內心潛能是無限的。

因此，爲了獲致企業成功，我們時時要掌控自己的起念動念，注重內心世界潛能的堆疊成長。師父的提示不僅針對佛教徒而說，非佛教徒亦同此理，誠如單國璽樞機主教生前一直鼓勵大家要划到生命的深處去，才會有所成就，才能活出生命的價值。

一般而言，企業家都有能力及努力的好基因，師父認爲經營自己的內心，建立良善的人生價值觀，是企業家首要的修煉功課。價值觀跟每個人的信仰息息相關，如同商聖稻盛和夫分享他的成功方程式：成功等於人格理念乘以努力乘以能力，他成功的祕訣就是把人格修煉放到企業家的最高位置。

不同的價值觀深切影響著企業的未來，錯誤的價值觀信仰更會引發企業種種對社會負面的影響。聯合國未來大學韓國分部在其二零二零年出版的《二零三零世界未來報告書》中，特別指出「現在的企業比起解決問題，更多是在欺騙大眾牟利，所以企業經營的倫理標準必須被全世界接受並定期審查。」

古倫神父從經營天主教事業的卓越經驗，警告企業「在今天的經濟社會中，有許多領導者已經察覺到，光是追求利益極大化是行不通的。我們需要一種可以讓企業永續生存的價值，如果失去價值觀，企業很快就會崩潰。」

師父提示價值觀存在於每一個人內在的覺性，亦即覺悟心，是每個人內心世界都有的，覺性更是放諸四海皆準的寶藏。要作一位成功者都要有超脫利益思考的使命感，時時要奉行自己的價值觀信仰，堅持以終為始的心念，以自利利他出發，使自己的內心受到激動而湧現能量，從而產生更大的自信及力量，更加強幫助你的成功，終而藉由企業活出生命的價值。企業是企業家生命價值的投影，師父鼓勵企業家要植基於人性關懷，以及不能扭曲人性來獲取短暫利益，來建立屬於自己良善的價值觀，再進一層修煉「緣起因果」，努力而隨緣、更要進一層修善心，召感善因緣。

師父認爲人人皆有我執與佛性，自私是人的本能反應，師父期許要用人的善性來平衡人我自私的弱點，企業除了要建立良善的企業文化之外，更要把尊重與體恤融入管理制度。再者，企業存在的意義會隨企業家心靈成長而變化，師父鼓勵企業家終極目標是願與衆生皆共成佛道。

三、實踐不只是實踐

這本書希望帶給企業家具有生命價值且具體可操作的經營寶典，而不是天馬行空的概念。師父強調生命是一次次因果的堆疊，要活出生命價值，更要種未來因。

師父首先破解佛法並不是與生活或生命脫節的知識或思想，佛法存在我們每天的各種抉擇與喜怒掙扎之中，任何念頭和作爲，都是佛法所關照的範疇和對象。因此，師父提出「實踐不只是實踐」的箴言。

例如，接受一些佛法課程修煉的企業家，會展現出不同的生命態度，比較會體貼設想不會唯我獨尊，比較能柔軟觀照顧慮別人。企業主的善意，員工會領受到，進而爲企業努力。企業主付出的眞正目的可能不是爲了得到員工的讚賞，而是純粹人性的關懷，但企業主的小改變，已是實現生命價值的小收穫了。

師父形容企業有它的美麗哀愁，很多人經營企業的初步動機是賺錢，夢想有朝一日享受萬貫家財的富裕。若能提昇把財富當作「行善的工具」，讓財富發揮出更大的作用，當企業家心中有這份信念時，無論規模大小的企業，本質上已不再是一個「汲汲於股東私利，甚至可能充滿貪婪、危害公義」的營利團體了。師父認爲此時的企業可能正意味著，是人性良知的　種重要體現。

企業經營與企業家生命是無法切割的，企業是企業家生命目的的投入。企業未來與企業家對生命追求的層次是成正相關，師父論述企業的內在目的是企業家的生命厚度，而他的生命厚度要分三層次由底層次第開展：㊀生存——追求的是存活、㊁生活——追求的是快樂、㊂生命——追求的是意義。

企業家的成就，往往代表著他所經營的企業形象，擁有什麼樣子的心靈世界，就會造就出什麼樣子的企業模式，例如企業家能兼顧事業、健康、家庭三者平衡；又如企業家不會出賣自己的靈魂，堅守無奸謀巧奪心、無損人利己心，這類企業的形象與品牌，除了可得到消費者及社會的肯定之外，更會呈現在企業有形資產的商業價值，以及無形資產的社會價值上。

企業社會責任已是全球關注的焦點，企業經營已朝向每年除了要有商業價值的財務報表之外，更要編製社會價值的企業社會責任報告。師父鼓勵企業家應該將自己的生存、生活繼續向上提升到生命的層次。從生存、生活攀登生命的路程中，能夠到達第三層次的企業家，大多將是社會的佼佼者，不只是企業上的地位及身份而已，更重要的是已經爲社會創造了福祉。

「實踐不只是實踐」正意味著企業家要內外兼備，除了在企業的外在世界建立企業經營的各項有形策略及完善制度之外，更要做好企業家的內心修煉，逐步攀登生命的高階層次。因此企業家要以內在的覺醒與渴望作爲基礎，當有了內在的覺醒與渴望，才會衍生出要追求生命厚度的動力，才有可能走上追求終極關懷的覺悟之路，而終極關懷正是完成企業家現世目的。

成功是成人之美、功德無量，無形的成功重於有形的成功，無形內心的修煉成功才是真成功。因此，企業家生命核心最關注的不是有形的財富面，而是企業家在人生旅程中，所想、所說、所作都按照自己的價值觀逐步進行，時時展現出自己的生命價值。

遵循本書的理念，恆心漸次實踐，相信除了可達成企業經營成功之外，更可圓滿塑造企業家生命價值，建立不一樣就是不一樣的企業與生命。實踐不只是實踐的祕訣，已藏在本書各章節中，正待有緣人開採挖寶。

師父企盼細讀本書，進而能夠起而行，具體實踐。若能恆心漸次追求，對自己、企業、乃至於國家、全人類，都可能產生根本的改變。

四、新型企業社會責任已來臨

師父憂心在人類社會及經濟的演進過程中，生態環境正面臨著氣候變遷、空污水污、環境反撲、能源不足等問題，人類已破壞了地球的生態；再者，我們的經濟生活水準提高之後，正面臨著貧富差距的擴大、勞資糾紛、家庭倫理等社會問題。

人類和企業創造財富及享受物慾，已衍生對人類及環境的破壞，企業社會責任正在蛻變中。聯合國大會在二零一五年九月通過「二零三零年永續發展議程」，宣布未來十五年人類及地球永續發展的三個面向：環境保護（Environmental Protection）、社會進步（Social Progress）、經濟成長（Economic Growth），以及十七項永續發展目標。

永續發展的核心理念在於追求人類的共同未來（Our Common Future），在此理念之下，永續發展的定位是：「既滿足當代人的需求，又不對後代滿足其自身需求的能力構成危害的發展。」

上述論點，包括了兩個重要的概念，一是要滿足人類的發展需求，二是不能損害生存環境，要支持當代人和後代人的生存能力。上述向度正是師父的理想。

世界企業永續發展協會更朝此二零三零年全球理念及目標，訂出「二零五零願景」，期待企業界能依據九大面向全方位轉型：㈠價值觀—人與萬物共榮、㈡脫貧—滿足基本所需、㈢經濟—反映真實成本、㈣農業—調適氣候變遷、㈤林業—除碳與保生態系、㈥能源與電力—綠電能、㈦建築—綠色與智能、㈧移運力—低碳與效率、㈨原料—循環利用。

世界正掀起了配合永續發展所需的企業社會責任浪潮，企業經營策略必須考量環境、社會、經營治理等因素，全球正試圖朝向地球及人類能永續發展的方向尋找答案。

在新型企業社會責任的指引下，未來企業的核心使命正如師父所主張的，要做對大家有價值的事，經營是否成功已不再是獲利而已，而是在生命價值觀及經濟倫理上力求一致。

生活處處是企業，生活是離不開企業的。師父深知作爲地球的一份子，企業社會責任、經濟效益、與公衆利益三者是可完美結合在一起。因此，師父早在二零零九年成立「僧伽林善緣慈善會」，志工將善款透過面對面的關懷，送到弱勢家庭手中。

他更於二零一四年爲實踐「實業、慈善、正義三位一體」，秉持「完全社會企業」理想，創立「護生善緣股份有限公司」，以「保護生態、照護生活、養護生命」爲企業根本價值。此完全社會企業是師父獨到的創見。

五、結論

有幸拜讀師父的大作，深刻體會師父的初衷及用心，他指引企業家按照自己的價值觀而行，處處要展現出企業家的生命價值。

生命無法重來，在有限的人生中，若遵循本書的理念，恆心漸次實踐，相信除了可達成企業經營成功之外，更可圓滿塑造企業家的生命價值，建立不一樣就是不一樣的企業與生命。成功祕訣已藏在本書之中，正待有緣人開採挖寶：

浩瀚大海難窺全貌，殊不知飲一滴全知其味。萬衆人心難懂全人，殊不知覺悟心人人俱有。人生於世如大海之微漚，但微漚暗藏玄機。生命奧祕如冰山之深障，但覺悟妙用無限。

個人心得，野人獻曝，甚感惶恐。疏漏之處，尚祈諸位大德及善知識指正及見諒。

凌氤寶 教授

（前台灣人壽保險股份有限公司 董事長）

悲智雙運菩薩行

長期以來，資本市場信奉諾貝爾獎得主美國芝加哥學派大師傅利曼的理論，卽企業唯一的目標是追求股東利益的極大化。隨著永續發展逐漸成爲全球資本市場所重視的核心價值，環境關懷、社會永續和公司治理原則（Environmental, Social and Corporate Governance, ESG）已成爲投資決策和企業經營的重要考量。由於國際間運用金融市場的力量施行永續發展的架構已臻成熟，也因此推動公司必須重視企業社會責任，具體評估並落實 ESG 的相關面向，以確保能夠獲得資本市場的正確評價，並促成永續發展的良性循環。

當科技與經濟過度發展，導致社會資源分配不均和環境永續無法維繫，包容性經濟發展和企業社會責任就成爲政府、企業和公民社會共同關注的議題。也因此，近年來社會企業（social enterprise）在全球已蔚爲風潮，並逐漸成爲解決社會問題，並可以達成更多元社會使命與公共利益的新型商業模式。不同型態的社會企業均包含了不同的創意方法，去彰顯並滿足不同社會關注議題的需要，在企業創造經濟價值的同時，也創造了社會價值，它是一種融合了社會創新以及市場機制來調動社會的一股新型力量。

社會企業是以佛教的利他精神，實踐關懷文化與促進社會進步。社會企業的發心緣起慈悲；社會企業能否成功運作更需智慧。特別是社會企業的領導者，更需以智慧發展出創新並且可行的商業模式，以達成適度的財務報酬績效，同時也肩負著教育組織中的成員，在工作中成長並且提升到自利利他的高度。至於不同的社會企業發心達成不同樣式的社會報酬，一如其所反映的社會價值與社會影響力，更是慈悲的展現，所以整體而言，社會企業在佛法的實踐上，充滿了悲智雙運的菩薩行持。

以旅遊服務業的線上租屋爲例，當共享經濟的國際旅宿平台以創新模式翻轉旅遊概念時，一些原本樸素單純的社區發生了巨大的變化，整個社區都失去了原有的身份與味道，投資與投機客壟斷在地居住空間，而許多當地人和企業因爲租金上漲而被迫搬遷，當地的商店變成酒吧和外賣店，整條街道都是遊客，加劇了居住正義的問題，導致整個社區受到負面的衝擊。Fairbnb.coop 以另外一種社會企業思維的模式，啟動了具有公平性和有意識性的旅遊，讓平台的消費者自行決定將佣金的 50% 捐贈給當地居民選擇的社區公益專案項目，同時採取「一個房東、一間房」的規則，排除投機及投資客，這是一種相互協作和支持的包容性技術，可以促進整個社區共享經濟的福祉。

曾經在與法藏法師的交談中，法師提到了大資本企業集團運用連鎖超商強大的通路優勢，壓縮傳統雜貨店生存的空間，這一種消費文化的便利性，已經造成了社會公平的問題，嚴重影響到本土文化、生態以及生活的價值；而且標準化大量生產流程也扼殺了具有傳統性和細膩性的產品和服務所傳遞的有形和無形的價值。法藏法師不僅悲天憫人，而且辯才無礙，時刻關注衆生所處的依報環境以及社會公平與正義的實踐。法師更是積極汲取先進的企業經營與管理的理念，特別是如何運用商業創新推展社會企業，來達到平衡商業利益與社會和環境關懷的三贏面向。護生善緣就是在這樣思想和理念下，所成立的一家社會企業，這是一家純粹以善心爲基礎，以善行爲循環，並且以「保護生態、照護生活、養護生命」的精神，具體實踐「利益回饋社會大衆、淨化企業存在價值」的理念。

日本經營之聖稻盛和夫曾經說：「企業經營之秘訣，全在一顆美麗的心」。他認爲「利他行善」這個純粹、專一的動機，可以產生強大的力量，如果心懷善念、行善助人，命運就會朝向好的方向轉變與發展。相同的，企業的經營亦是如此，以思善、行善之菩提心爲出發點的社會企業，是悲智雙運最眞實的體現，更是一種菩薩的行願，因爲一切修持之行門，其唯一宗旨，皆爲利他。

「佛法與社會企業」的出版，是法藏法師希望能夠引領企業發覺企業本身一如每一個人內在本具的覺性，並且鼓勵企業的 DNA 裡，不管是一般企業或是社會企業，都能朝向一間具有社會的影響力邁進。相信讀者在閱讀本書過後，一定能夠體會法藏法師的慈悲與智慧，以及眞心關懷衆生所帶來的溫暖。

薛富井 教授
（前國立臺北大學 校長）

生命價值的實踐

二零一五年春天，衲受北京大學的李澤卿教授之邀，在「北京大學企業家成長高層論壇」中，進行了一場爲期三天的演講，講題爲「以佛法的智慧談企業自利利他的本質與實踐」。演講的內容，經發心的居士打字、校對、整理成書；歷經六年，有感於企業社會責任蔚爲風潮，當年的主題似乎更顯得歷久彌新，因此，將過去的演講稿重新整理成書寫體，出版《佛法與社會企業》修訂版，希望透過新版的流通，能使更多有緣的讀者受益。

讀者可能會好奇：「師父不都是不涉足世事的，怎麼會講企業經營有關的題目呢？」《普賢觀經》云：「一切法皆是佛法。」六祖大師亦謂：「佛法在世間，不離世間覺。」可見佛法並不是一種與生活或生命脫節的知識或思想，它恰恰存在人群之間、在我們每天的各種抉擇與喜怒掙扎之中。我們每一個人任何時候的每一個念頭和作爲，都是佛法所關照的範疇和對象，這也正是「佛法無邊」的意思。

無論我們願意與否，幾乎都無可迴避地生活在企業運作機制所建立的世界當中。正因爲企業和我們的生活是這麼的密切相關，所以恰好也是佛法最適合的關注點與切入點。藉由佛法觀念在企業經營的實際運作過程中發揮指導的作用，我們得以親身透過企業的佛法實踐，確實地領會、感受到佛法的智慧與慈悲，是如何地在我們的事業與生命意義之間，產生強大而令人感到欣慰的連結。從中我們也將確信：原來每一個人的內在，都眞實存在著最根本的「覺性」，不論身份、國籍、種族、財富多寡，這永遠都是放諸四海皆準的。當企業經營者能在心中感受到這份確信之時，所謂的「企業」，無論他的規模大小，企業在本質上已不再意味著是一個「汲汲於股東私利，甚至可能充滿貪婪、危害公義」的營利團體了。反之，它可能正意味著，是人性良知的一種重要體現！

事業、經濟的發展，小至個己，大至國家、全球，對於我們每一個人，甚至是生活在地球上的任何一種生物，都有著非常密切、牽一髮而動全身的相互關聯性。隨著企業組織的擴大，其影響也更加的迅速而深遠。我們作爲一個自詡站在一定高度上、有理想、有格局的企業經營者，深知作爲地球的一份子，實在有責任爲了慈悲理想、社會正義及環境永續等覺性共同價値的實踐，對這個世間所各種存在的生命，多一份體貼設想、柔軟觀照與自利利他的使命與作爲。企業存在與發展的目的，絕不能、也不應該只是無窮無盡地追求自身的利益，也應同時為了維護他人甚至是其他生靈的安樂與幸福而努力。如此，才是眞正有價值、令人崇敬的企業典範，我們也才眞的實踐、完成了自己生命的價值和意義！

衲在二零零九年成立「僧伽林善緣慈善會」，讓身為佛教徒的慈善志工，在大乘佛法的引領下，將善款透過面對面的關懷，以修行謙卑的心靈，送到社會弱勢家庭手中，從中學會觀照大乘佛法的深意，將之內化為一種勇悍而溫柔、謙卑的菩薩行者特質。隨著這樣慈善事業的擴大，深知光靠單純的對社會化緣捐助，雖也有善與人同的深遠教化作用，但光憑此已不足以支撐起慈善事業的長遠發展，因此慈善事業需要自己建立能夠長久運作的財務機制，以達成慈善事業自給自足的最終目標。基於這樣的想法，衲於是又創立了一間秉持「完全社會企業」理想，以佛法為內涵、以慈善為導向、以純善而不傷害環境與生靈為生產原則，以「保護生態、照護生活、養護生命」爲企業根本價值的「護生善緣股份有限公司」。公司的營運所得，扣除必要的成本開銷與人事成本後，全部淨利潤百分之百作爲社會慈善之用。衲雖爲企業之發起創辦人，但僅作理念上的指導與帶領，並未直接投入實際的公司管理工作，而是讓具有相同理念的居士來實際進行企業化的經營。雖然營運的時間還不算很長，但這樣的企業營運模式與核心精神，值得我們繼續努力與實踐。這樣的百分之百社會慈善企業體，其所要展現給社會的，與其說是「經營了什麼？如何經營？賺了多少錢？捐了多少錢？」倒不如說，是它的企業理念與理想的呈現，才是給這個世界最重要的啟示。更多公司成立的精神與核心理念，將會在本書中一一說明介紹。

最後，感謝主辦單位的邀請、當地法師的接待、臺、陸各地居士的支持與協助，在三寶的加被下，才使得這場演講得以圓滿，進而記錄、整理、修訂，再次出版成書。希望有緣見聞者，都能夠澄心領解、多加思惟企業經營的佛法意義。如此必能於生命的價值意義之找尋上有所收穫，逐漸增上我們的智慧與悲心，而這也將會是社會、乃至國家、全體人類的眞實福祉與幸運！

時維
佛曆二五六四年 荷月
序於 楠西僧伽林 萬佛講寺 丈室

第一章

企業家該怎麼樣來引領世界？

企業家該怎麼樣來引領世界？

談到企業的社會責任，首先要從人的基本內涵說起，再擴及事業。我們做為地球上的一份子，透過自己所在的地方向外望去，看到的，不只是我是某個地方的人，而是要看到整個世界。

從企業的社會責任出發，建立世界性的和諧共榮

提到企業社會責任，第一層想到的是有責任的企業家，但除了責任之外，還有什麼可以作為我們人生更遠大、更深刻、更廣博的基礎呢？那就是信仰。

要怎麼選擇信仰？錯誤的信仰，給你錯誤的力量，也給你錯誤的方向，更糟糕的是，還給你錯誤的熱情。因此，在談事業之前，先來看看人類歷史發展進程中，發生很多大事件，常常是由於錯誤的信仰所導致的。這就引出

了一個大問題，信仰該怎麼選擇？用什麼標準來選擇？答案是：我們內在最根本的覺性——放諸四海皆準的覺性。

綜觀人類的發展史，直到二十一世紀的今天，人該用什麼樣的態度和世界共處，才能夠創造最大的和諧？企業家——社會上具有眞正實踐力與經濟力的這群人，最適合來思考這個問題。

以現在的中國大陸爲例，迎來的是人類前所未有的最大經濟體。就企業而言，叫作市場，即擁有無限的機會與希望，從佛教的角度來說，則擁有無限的責任和願景。因爲在這麼大的經濟體，如果掌握了放諸四海皆準的「根本的覺性」，那麼中國的崛起，將會是世界最大的幸運。

再從歷史、信仰、人生往外看，探討企業家該怎麼樣來引領世界？我的想法是：以佛法爲基底、以創新的文化底蘊爲因緣、以創造和諧的未來爲願景。

提供具體可操作的佛法理念與方向

這本書希望帶給企業家具有生命深度且具體可操作的佛法饒益，而不只是天馬行空的概念。因爲佛法中的智慧，亙古彌新、歷久不衰，是適合當今人類心靈的一門「覺悟之法」。

我常說：「佛法的道理就像大海一樣，海雖大，飲一滴而知全味。」海洋很大，撈起其中一滴，量有差別，但味道跟廣大的海水是一樣的，但這一滴放在不同的容器，肯定有不一樣的表現。爲什麼？因爲佛法無邊。什麼是佛法無邊？因衆生有無量無邊的各種需求，而佛法恰恰能夠對應衆生無量無邊的需求，這才名之爲「覺悟之法」。佛者，覺悟也，所以，佛法從一般性的意義上來談，它既是信仰、也是可操作的，它既是感性、也是理性的。

有人說，佛教是種教育、佛陀是教育家，這對還沒入門的人，可以簡單這麼說，在某個意義上，佛教是透過教育的表現，深入到每一個人生命中最眞誠、最深層，既柔軟而又陌生的地方。爲什麼是柔軟？因爲它觸碰到每一個人那顆放諸四海皆準的心。

超越利益展現生命價值，事業變志業

若超越任何經政體制、歷史文化，把這些都剝開來，人是沒有差別的。然而，我們不可能都剝開來。你我不穿衣服嗎？我們不僅外形不一樣，還意味著生命有不一樣的狀態（status）。

你現在是一個什麼樣的狀態呢？教授、老師、學生、研究員、政府的退休人員，或者在第一線上的政經官員，或者是企業家，或者在大企業擔任重要職位？無論何種角色，都只是表面上的差別，因此我一直在思考，如何讓那「飲一滴而知全味」的佛法根本知見，去觸碰到人人皆有、人人皆同的那顆溫暖柔軟的心？甚至在某個意義上，你並不是佛教徒，那最好！因爲佛教道理和觀念的運用，恰恰不需要你是佛教徒，因爲它是「覺悟之法」——覺悟的思想。

覺悟，需要每個人從內在的覺醒跟渴望作爲鎭基礎。你有內在的渴望，才會走上覺悟之路，不然醉生夢死就好了。但每個人的渴望都不一樣，必須一直往下挖，挖到每個人都有的「根本渴望」。佛法絕對不能強迫，不能趕牛吃草，也不能用一種「信佛法得永生，不信就下地獄」的態度。佛法是人類心靈最溫柔的那一塊，只有你能夠決定相不相信它，任何一個師父都不能用任何的手段跟語言來欺瞞、恐嚇，或要求你做最深密的那個決定，那是你自己的信仰！

所以說，如果你自己決定願意去服膺，或者實踐某一種覺悟之學，那是你跟自己對話的結果，不全然是跟從那位師父來的或者他講了些什麼。然而，不可諱言的，讓你去思考內在最根源的想望、思想跟仰望，背後常有師父的引導。問題出在你到底有沒有仰望？「事業」到底會跟「志業」有關嗎？志，就是一種超越利益需要，將生命的價值投入當中的行爲。

在臺灣，有不少企業家會從佛法的內涵當中，尋找他經營管理的態度跟基礎。事實上，我還是一家公司的創辦人呢！和尚怎麼會去創辦公司？公司意謂著具有組織化、透明化、效率化的團體。在今天瞬息萬變的經濟、文化跟國際條件之下，我們難道不需要組織？不需要效率？我們面對著別人的苦難，難道不需要透明、有效率、有組織地去協助嗎？所以，我藉由創辦這樣的三化合一組織，來完成佛陀所交代且作爲一個出家人該爲衆生著想的事。

大乘佛法，尤是在中國，醞釀了兩千年的大乘佛法，從來沒有要出家人遠離人群，即便廟蓋到山巔之上、叢林之中，也只是一個過程，但這也不是要出家人貪戀世俗。舉例來說，假設有棵覺悟之樹，叫作菩提樹，你看過有哪一棵樹是在虛空中離開大地的？沒有！《華嚴經》

說：「覺悟之樹，以衆生爲大地。」什麼意思？要成佛，不會離開世間，誰是世間？你我皆是。

身爲企業主，無論公司大小，好歹有你的家人、親戚朋友或員工，再少也是一人企業，對吧？你要面對的是客戶。我身爲一個心靈修養、朝向覺悟目標的出家人，所要面對、投入、聆聽、感受的對象，就是芸芸衆生；你就是我的衣食父母、成佛的父母。如果我能夠感受到你的需要，並揣摩這個需要的解決方案，以不離開佛法的概念和你交換意見，那恰恰是在中國醞釀兩千年的大乘佛法，這兩千年來歷代的祖師所念茲在茲要做的事，我不過是繼承而已；身爲出家人，在歷史的長流底下，我繼承古聖先賢、古大德對衆生所做的一切事情，繼續做而已。

第二章

正確動機是良善企業的本質

正確動機是良善企業的本質

本次演講題目〈以佛法的智慧談企業自利利他的本質與實踐〉。自利又利他，這是我對於企業的期待。企業，意謂著是一個世俗化、以營利爲目的的組織，那它又怎麼能夠利他呢？

一切運爲，皆是內在的反應

首先，要談自利利他的本質，爲什麼談它的本質呢？佛教最重要的概念，就是不論是什麼事情，都不要由外界來壓迫你，而要從你內在找到動機、原因。因爲有了動機、有了正當的原因，無論是企業界翹楚，還是一般人，都能夠在短時間之內學習好該學習的方法。

臺北市長柯文哲是外科醫師，有人說外科醫師怎麼能夠做市長？剛開始，講話老是被記者抓包：「你這樣說錯了」、「你那樣說錯了」，抨擊他一頓。他跟記者說：「沒關係啦！你們不用擔心，我智商很高，馬上就可以調整好。」他確實調整得很快。爲什麼？因爲他有正確的動機，願意去服務，只要狀況與他想要的宗旨相違背，他就會改變。擁有正確的動機，這就是本質。

找不到那個動機？其實是你有一個很根本的本質沒找到。那個本質從何而來？我說：「你的心！」並非突然才有，而是本來就有！既然本來就有，幹嘛要法師來講？我誘發你看到啊。就像月亮本來就掛在大上，但沒有標月之指，你不知道從哪個方向看得到月亮。所以，出家師父並不是創造一個佛法的智慧給你，而是點出佛法的智慧，讓你從自己的角度去看到。

有了本質之後，就像有了信仰、方向、力量。孫中山先生說：「思想、信仰、力量這三大主軸，你要從思想，然後才到信仰，最後才力量。」從佛法角度來實踐的話，我們會修正孫先生的講法，那就是，思想當然是要的，但思想不是直接變成信仰，爲什麼？如果思想直接就能變成信仰，請問：思想有對錯、深淺，如果不能判別，沒有判別基準，一旦你依準的思想是低階的，就信仰了，信仰就產生力量了，這力量可能是錯誤、不完整，或者自我限縮的力量。

我有很多學生，有時遇到些生活中的事，會說：「哎呀！方丈和尚，沒辦法！我就是凡夫，我們是人啊！」我就會說：「是啊！你是凡夫，那麼坐在這兒的，包括我在內，哪個不是凡夫？問題是，你是學佛的凡夫，不是一般的凡夫。」說你是凡夫，是因爲你跟一般人一樣，有七情六欲、有我執，怕人家罵我們控制不住。

有情緒，非管理不可，但進一步來講，情緒要管理的話，也蠻麻煩的。因爲我們已經在情緒當中了，除了我們的上司以外，誰能管理我們？所以情緒在管理之外，更要自覺。你說自己是凡夫，意味著還有貪瞋癡、情緒反應，但你是學佛的凡夫，什麼叫學佛？學著覺悟！學佛的你，跟一般凡夫有兩個不一樣。

㈠凡夫在情緒當中並不知道自己發生了情緒，你是學佛的凡夫，第一件事情是，得自覺已經發生了情緒。如果連這個自覺都沒有，就抓狂，完了再跟人家講：「對不起！我是凡夫，所以我有情緒。」如果只是單純這樣想、這麼做的話，那頭也別剃，皈依證也不用拿了。你跟一般人都一樣，那憑什麼說是佛教徒？更沒資格說自己是出家人。雖說不是皈依三寶就變聖人，不是埋了光頭就成聖人，可是你對情緒毫無自覺，就不是名之爲學佛的凡夫。

到目前爲止，你因有內在難以跨越的愛恨情仇，所以承認自己是凡夫，恰恰是這個承認，你就跟一般人不同了。一般人覺得愛恨情仇是天經地義，會想：「我就這樣。人家不都在爭取自己的權力嗎？人家遇到事情生氣了，那我也不過是生氣一下而已，爲什麼不可以？這不是人性之常嗎？」是的，你有人性之常，可是要超越，要自覺，不能跟一般人一樣耍賴。

㈡大部分人會這樣想：「能自覺之後，第二個是控制。」錯了。當你知道你正在發生情緒，我告訴你，情緒一來，你就錯了、輸了，輸掉你自己。作爲佛弟子，已經知道生起情緒，接下來就要對自己說：「我錯了！」我沒叫你控制。你正在發脾氣、罵人，心裡也知道，這實在是控制不住非罵人不可，但你能知道「我錯了」，先把「錯了」擺進心裡，我不要你控制，只要你知道，知道情緒起了、知道自己錯了，知道對自己說：「看你還能罵多久？」這就是「實踐」。

趨向目標，以知因果爲基礎

無論你做什麼事，面對的都是「自己內在的反應」，要先有這樣認知後，再來講企業的自利利他。你在企業裡頭，無論是管理員工，面對上司、企業集團中的更高層，面對客戶，這些都是你「自己內在的反應」的基礎與實踐。也就是說，當你知道這樣的本質之後，才能夠談到實踐，而這個實踐的最核心，無非就是知道是非、因果、對錯。

聽起來好像老生常談，但當你深入一個企業的精神內涵時，就會發現，它點點滴滴累積著企業的成功與否；你的企業成不成功，其實跟你的內在和爲人的因果是相呼應的。你說：「哪有？某某大企業老闆脾氣差得個要死，罵人跟罵狗一樣，還不是事業做得很大？」是有這樣的老闆。我說：「的確有，可是你錯解了因果。」怎麼講呢？那是他有賺大錢做大企業的過去因，它沒有跑掉。過去有那個因，他修到了，所以今天正在得那個利益，可是他得那個利益的同時，恰恰也讓他失去了今生善的因。佛法講，過去的善因，如果沒有跟解脫、覺悟相結合，你在今生恰恰會用過去生的福報，壯大了你的無明、煩惱——吆喝起來罵人很方便、有力量。第一世做得不錯，第二世正在享福，第三世就把福享光且受禍害，這叫作「三世冤」。

我認識這種無明、煩惱的企業老闆，要勸他很久，還不能直接勸，要拐彎抹角、慢慢的勸，等他吃點苦頭之後，才會返回來跟我說：「師父啊！幾年前我聽不懂您講的話，現在懂了。」

多數企業家總是有一定程度的自我、自信，那個自信感很強烈，成爲習慣之後，別人的話對他只是參考而已，認爲自己的感覺才是眞的、對的。面對這樣的居士，做師父的，要把一個修持的方式套在他身上，效果沒那麼快，所以得忍耐，要等待，不要急，這也是「實踐」。

這還不夠，我提出一個根本的思考模式和方法，讓你企業的成功是所有人的希望，而不是「一將功成萬骨枯」——大家都死得很慘，結果只成就你賺大錢。因爲「一將功成萬骨枯」之後，你能夠安穩多久？我說過，這個菩提覺樹，以衆生爲大地，如果企業本身是棵大樹的話，若能以衆生爲基，你的客戶、合作廠商、員工、經銷商等等，都會是你的土壤。

西方資本主義過度強調某些技術面，比如太重視單一市場或企業的成長，忘記了企業可長可久的核心內涵。這方面，西方人已經在檢討了，我們東方呢？好整以暇。他們才在檢討還找不到原因，或者約略看到原因但還沒找到方法，而我們已經看到原因，推論出結果，也有了方法。我不是拿佛法來「老王賣瓜自賣自誇」，既然佛法無邊，那麼用在企業上，恰恰是無量無邊的功德跟利益，如果佛法能讓任何一個企業壯大，這個企業將爲一切衆生、一切市場所歡喜，而不是害怕的。同樣的，如果一個國家的成功，都是人民所歡喜的，這個國家將會是人類歷史上最溫厚的國家、對人類最有貢獻的國家。

如果佛法不能帶給大衆利益，不能在人類最重要的經濟行爲中給出指導，佛法怎麼說是解脫之法呢？佛法有大用，不僅關乎你的人生問題、個人信仰問題，更關乎著人類在這個地球上怎麼能夠共榮長存的問題。而誰能導引風潮？答案是每一個人！因此，細讀本書，具體實踐佛法，之於你自己、之於你的企業，乃至於一個國家、全人類，都可能產生根本的改變。

佛法不關乎你企業形式或者商業技巧，或者產品是否能改變這個社會，而是關乎你心之所在——是否能讓人類經濟行爲走向和諧共榮。我會提出一個已經在操作的某種模型，供大家參考。讀過ＭＢＡ企業管理的人都知道拿很多大企業的案例來研究，對吧？我也會拿案例供大家研究，談談佛法在企業上的運用。

第三章

企業經營與生命的意義

企業經營與生命的意義

很多人的生命樣態是：事業、家庭、人際關係、信仰，各是一部分。

「師父！等有空，等我企業交棒之後，我再到楠西萬佛寺跟你念佛。」

「等到那時候，你已經髮蒼蒼、眼茫茫、齒牙搖晃，被人家推輪椅來了。」

你又問：「事業不是要放棄？」

不是的，作爲一個企業家，其實就是一個生命的導引者跟實踐者，是一體的。

生命是無法切割的整體

在西方人的概念裡，家是家，信仰是信仰，企業是企業，這三部分是分開的。在佛法裡，你就是你，什麼東西能把你分開？當老闆的都知道，放春假、長假，員工回去了，過年，員工拿年終獎金放假了，你晚上睡覺時，腦袋還在轉：「過完年，要怎麼營運賺錢？」你有分開嗎？你正在跟人談判，家裡打通電話來，說兒子被退學，難道就無所謂嗎？生命就是一個完整，怎能割開？每個生命的一體性，在於「心靈最內在的結合」，是不能割裂的。

人活著有什麼樣的目的，有什麼樣的動力，讓我們願意爲一件事去努力而不停止？有人說信仰。企業也是一種信仰，你才能夠爲它不停止地努力；如果員工同樣信仰這樣的企業精神，他們也會拚。這時就不用做過多的管理，因爲你們有共同的信仰。你也許會說：「我知道了，信仰的是錢，多賺錢就是我們的信仰。」然而，你覺得大家過好日子了嗎？大家賺滿了金山、銀山，睡在金山、銀山上面，會覺得很安穩了嗎？會覺得跟家庭關係變好了嗎？會覺得自己的生命很豐足了嗎？如果你還有一點懷疑或著持保留態度，那麼請繼續看下去。以下要談的有三大重點，一是「企業是生命目的的投入」，二是「將心比心展現生命厚度」，以及三是「企業的內在目的之厚度」，茲分別分析如下：

●企業是生命目的的投入

其實企業有其生命深度，企業的負責人要用「生命的目的」投入，不只是賺錢而已，透過佛法導引你這樣思考，這個意義就大了。你在企業運作的過程中展現了生命的厚度，在裡頭感受且自然流露出內在的感恩，同時願意與人分享這樣的美好感受；而這樣的感恩與分享，恰恰是很多企業最欠缺的，一旦你感受到了，就應該「好東西要跟好朋友分享」。

民以食爲天，人類最核心的需要是飲食，飲食不可能從工業創造而來，工業只是生產或輔助農產品或者畜產品的工具而已。人類是依靠農產品、畜產品養活的（佛教基於不殺生的考量，不同意畜產品）。以農業生產爲例，需要種子，種子的好壞，直接涉及這個農產品的產量跟品質，進而牽涉到人類活命的根本。當資本主義發展到一定程度，連種子的研發都有專利權（patent rights）。

Discovery 頻道曾製作《種子戰爭》的節目，揭開全球化危機底下的種子眞相，指出全球大多數的種子掌握在五大農業生物技術公司手中。他們擁有種子基因專利，出售混種或基因改造種子給農民，再搭配自家生產的農藥、化肥，以賺取高額利潤。作物收成後，這些混種種子無法再自行發芽，農夫必須再重新向種子公司購買新的種子，翻轉了自古以來人類自由交換、播種的歷史。

這種資本主義下的專利概念，意謂著保障他的研發能賺錢。專利當然需要被保護，可是如果爲了保障這樣的賺錢行爲，讓人類連根本活命的基礎都被破壞、被威脅了，那請問：企業還能主張自己擁有唯一的專利嗎？這就是所謂「生命深度」的佛法饒益啊！也就是說，在你賺錢的同時，能不能共榮於其他人？能不能容許別人也活下去？能不能對社會上比較沒能力的人施予應有的關懷跟溫厚？西方社會考慮的多是權利、規則，商業規則幾乎保證了「強者恆強」，弱者幾乎就沒機會。假若都是如此，整個社會長期發展下去，會不會有問題呢？

爲了避免專利壟斷，只利個別廠商不利整體人類，西方國家有了反思與覺醒。近十多年來，生技人廠孟山都（Monsanto）於美國和歐洲皆享有許多基因改造種子（genetically modified seeds）的專利權，壟斷了種子產業，使得農夫須以昂貴的價錢購買種子，導致生存困難，許多非政府組織因而發起抗議活動。其中，種子無專利聯盟（No Patents on Seeds）向歐洲專利局（European Patent Office）提出孟山都基因改造種子相關專利異議，後來歐洲專利局在二零一四年撤銷孟山都番茄基因改造專利，二零一六年撤銷孟山都抗病毒甜瓜專利。

●將心比心展現生命厚度

佛法的觀念是，一切眾生皆有佛性，一切眾生皆是我父我母，一切眾生都有貪生怕死的天性，將心比心對待

——天生的、不必強迫的心；你希望家人難過嗎？你希望家人在受苦時，捨掉一切可能的幫助而自然生死嗎？你一定不願意。當佛教的觀念慢慢從你自己、你的家人，往外延伸到週邊的人、一切眾生，你就會用一個較寬廣、溫厚的態度，來看待你週邊存在的其他人，再也不只是你自己或家人而已，這叫作生命的厚度。換句話說，不會只看到自己，而是看到一切有情眾生——有情感反應的生命，於是「人同此心，心同此理」的內在相互感動，就會自然而然產生、源源不絕流動。

高中時，我頑皮，會翹課。有次翹課準備演講比賽，卽使是代表學校出賽，但同學們高三忙著準備聯考，只有我翹課準備比賽，結果被老師叫回來痛罵一頓。他罵到一半，我舉手說：「老師，你罵了快半堂課，是不是我也可以表示一下？」他很氣地說：「好！你講！」他罵我的其中一句話，現在還印象很深刻，倒不是難聽，而是內容啟蒙了我的思維，這就是我所謂的「生命深度」問題。

在臺北，師大附中是僅次於建國中學的明星學校，考進臺大的人數沒建中多，但基本上都進了臺大、成大、清大、交大等重點大學。我當時當班長，被賦予重任，老師罵道：「你讀師大附中，要是考差了，我們怎麼對你父母交代？」我聽了「向父母交代」這句話，真的受不了。

早年，祖父在上海有個布莊，規模很大。八年抗戰期間，國民政府喊出「十萬青年十萬軍」，當時我父親是北京大學的學生，讀到二年級，就從軍去了，做文書工作。一九四七年，父親到臺灣，那時他已經離開軍職，所以不是隨軍隊過去的。由於家裡有產業，他到臺灣開拓事業；上海人很會做生意，祖父覺得對日抗戰結束了，要趕快搞經濟，就派我父親去。到臺灣之後，父親買下臺北市延平南路的整條街，我祖父就跟他講：「哎呀！我們上海地這麼多，你買那個鳥不生蛋、狗不拉屎的地方幹什麼？」那時經歷二次世界大戰的臺灣蠻蕭條的，父親聽了祖父的話，把地給賣了，但後來也沒回上海，就留在臺灣。父親一點都不在乎我書讀得怎麼樣，高中要聯考了，他和我有段這樣的對話：

「你高三了？」

「對，我高三，已經讀一學期了。」

「好像高三要聯考了？」

「對，再一個學期就要聯考了。」

哇！父親也太混了吧？我心想。然後，他接著下面一句有意思的話：「那就儘量吧！如果考不上，去做黑手。」

「黑手」是指技術性的工作，像修車子等，可想而知，他對我讀不讀大學好像也無所謂，覺得有一技之長就好。老師這樣一罵，我突然間想到：「我爸媽都沒這麼在意我在師大附中的考試，甚至將來大學考上哪裡，怎麼老師鞭策我要爲爸媽讀書似的？」我聽不下去，於是舉手說：「老師，我可不可以有話說？」

師大附中號稱學風自由，有個口號叫作P&S。P是Play（玩樂），S是study（讀書），P在前面，先會玩，才談讀書。師大附中是蔣宋美齡女士當年爲僑生小孩而設的學校，大多是僑生來讀，比較洋化，所以老師願意讓我講。

「老師我有意見！」我站起來說。

「什麼意見？」老師問道。

我說的大意是：考得上考不上大學，跟老師無關，跟爹娘也無關，跟自己要不要讀大學有關。如果想讀，就該努力讀；如果不想讀，沒考上，我爹娘也不會來說學校怎麼樣。

他聽了好生氣，從上面衝下來把桌子翻了，我沒害怕，因爲我覺得講了該講的話，又不是大逆不道。我舉這個例子說明生命的厚度，在我還是個孩子時，其實已經萌芽了：我要做什麼，應該跟自己內在的某一種想法和信仰有關，不應該被割裂，即便是這麼一般的聯考，我也應該找到它跟我生命的連結關係。

大家都在吃飯，你不能說因爲大家都在吃飯，所以吃飯的意義是一樣的。有人吃飯是因爲怕死，有人吃飯是因爲爹娘逼他，有人吃飯只是單純肚子餓了，有人吃飯是爲了服務更多人。肚子餓了的生理反應是一樣的，但是賦予這個同樣生理反應的內在動機，可以是不一樣的。

●企業的內在目的謂厚度

佛教爲什麼叫覺悟之教？因爲講的就是生命的厚度。如果你要讓自己的企業成爲只是賺錢的企業、只是有名的企業、只是能養活員工的企業、只是完成你個人某一個理想的企業……，只是這樣而已的企業，而不能賦予它更深的價值的話，那你要深思：企業的內在目的是什麼？企業能夠提供週邊的人，甚至於超過某一社會國家，站在人類高度上該說、該思考的事是什麼呢？我接著要講的事，是千百年來祖師講的，放在企業家身上來講，是再好不過的事。

生命追求的幾種層次

先從遠處講起，企業經營意味著操作，也就是「實踐」，但實踐不只是實踐。我的年代，小孩的目標，就是讀書、考試、出國，現在的中國大陸也接近這樣。所謂「萬般皆下品，唯有讀書高」，或許這就是華人文化下的一個必經過程。臺灣曾經歷過一段高度經濟成長期，後來平緩下來了，現在二十幾歲的年輕人，比較不那麼以經濟爲唯一考量，這和他們的爸媽已有一定經濟基礎、生養小孩也不多有關。現在二十歲上下的人，是在臺灣提倡「兩個恰恰好」的年代或者稍晚些的環境下長大的，他們也是在網路時代下成長的「網路原住民」，當他將眼光往外看時，看到了社會乃至國際上好多種不同的生命樣態。緊接著要談的兩大重點，一是「從生命的向度到深度」，以及二是「生命厚度的漸次開展」，茲分別簡述如下：

●從生命的向度到深度

這種生命樣態包括：有人大學一畢業，就到非政府組織或慈善機構，或自掏腰包搭飛機去救濟非洲小孩，或跑去澳洲打工，有的純打工，有的邊打工邊讀書。有人說，臺灣沒有工作機會，所以年輕人才去打那個低階勞工，我認爲，他們去打工，比他父母那一代好很多。爲什麼呢？因爲他父母那一代大概就是讀書長大的，而現在這一代願意爲自己的飛機票、爲自己的學習跑去那裡，四點鐘起床趕牛、在大太陽底下脫稻穀……，賺的錢雖然比臺灣單位時間的工資高，可是開銷相對也多，而且人生地不熟，著實不容易啊。這一代年輕人有跟他們爹娘那一代不同的生命危機。

臺灣有這麼句話：「做雞就吃雞的飯，做人就做人做的事，認份就對了。」所以問他生命的意義，不是沒有，而是在做好事業或照顧好家庭之後才開始思考。於是，養兒育女養大了，兒女不一定聽他的話，他會說：「好苦啊！怎麼辦？」這時候師父就跟他講：「兒女不是你的啦！你生了他，因緣所生法，他該飛走就飛走了，你當年不也飛走了嗎？你爸媽當時要你做醫生，你也沒有，就要做商人啊！」他們是搞定企業或照顧好家庭也認命了之後，才開始面對、思考自己生命的問題；年紀差不多五十歲上下的這一代人，大多如此。

年輕的一代呢？他們看了很多網路上或者國外的案例，或者聽國外回來的老師講關於各種社會正義或國際社會如何又如何、怎麼樣又怎麼樣……，於是，有人以流浪爲本職，有人到國外做義工，也不賺錢，當然也有人想創業，在網路上創業大幹一番，選擇變多，可是也變淺盤了。和他爹娘那一代相比，他有贏有輸，贏的是什麼？他們早年沒有存活的負擔，因爲爹娘撐著，可以天馬行空想自己喜歡的。注意！那只是喜歡，不全然跟生命意義有直接關係。這時，他勇於去做喜歡的事，選擇了他的生命向度，可是缺乏足夠深的生命厚度。他的向度，長輩得支持，因爲他喜歡，可是厚度不足，這就是面對現代年輕人時，要明白告訴他們，他們須要加強之處。

談到對生命厚度的體悟，年輕人太淺，中年人太慢。人生本能關注三個層次，整體表現爲政治、經濟、藝術、文化、宗教等等，而且影響深遠，有物質面的，有心靈面的，尤其是後幾項開始把人的生命厚度帶進去；教育則是社會化過程的基礎。對一般人而言，他人生所關注的核心是經濟問題，還沒學佛之前，誰管什麼生命厚度？什麼信仰問題？

像臺灣及大陸的這一代年輕人，他們的爸爸、媽媽大都富裕，用錢也蠻闊綽，有時在國外會看到，小孩才三歲、五歲，用的全是世界名牌。這些小孩長大之後，可能不用顧慮到經濟問題，沒有經濟問題，卻有深度問題。他太早認定他喜歡的，而且太自以爲是地認定了那是他要的，如果沒有覺知的話，其結果可能就是生命厚度永遠不足！也許年輕過得風光、做得高興，可是四十歲之後，高興不下去了，因爲生命的厚度不足，面對生命當中的風風雨雨，就像一棵根不夠深的樹一樣，風一吹，「八風吹得動，難坐紫金蓮」。

太淺或太慢，是我們這兩個世代所要面對的，無論是哪個世代都躲不開某種樣態，只是多跟少而已。您可能像年輕人一樣，搞事業，只管自己喜歡的做，也可能是「別想那麼多，現在能活命都難了，還想什麼生命價值？趕快想辦法賺錢重要。」這樣的想法與做法，都只是表面的、技巧性的事，最根本的核心，在於你內心對的動機——會召感對的因緣、對的人、對的事。深刻的心，會召感深刻的因緣；淺盤的心，只能召感淺盤的因緣；短暫利益的心，只能召感短暫的利益；深刻爲大眾的心，就能召感一個可長可久、可深可廣的企業版圖。在東方，尤其是在佛教第二故鄉的中國文化裡，眞的有心的這個念與力，它用在企業上將會產生明顯的效果，而且對所有人都有幫助、都有效。

接著，我們來談一下人的本能關注的三個層次，這個主題不是天馬行空，是基於眞實的「佛法觀照」來看待我們人生。年輕人在深度不足時，太快決定他想做的事，其實可以稍緩一下再往下做，因爲過度自信於他所找到的價值，容易失之太淺。我們常說「思想、信仰、力量」，他有信仰，信仰自己所看到的價值，那他就那麼有力量？有！他敢闖國外啊！英語不好都敢去，去衝撞個一年半載回來了，滿頭包，他也 OK，很強喔！但就這樣而已。

爲什麼？因爲信仰要有厚度、深度、廣度，這需要誘發、思考，更需要一些技巧來找尋，有時還需要一些歲月的歷練，甚至於必然的苦難來點出和深化。

佛經上說精進、努力，就是速度快一點，精者專也，進者不退也。「精進努力，不若方向正確」，我在《法藏比丘的非思不可》這本書當中，提到這個觀念。努力精進地奮鬥，這是第二件事情，第一件事情是「方向要正確」，不然你努力往前衝，從廣州要上北京，結果往南走，跑越快距離越遠，掉進海裡掉得更快。快有什麼用？精進有什麼用？雖說凡事要早一點做，不要等到七老八十再來，這當然太慢，可是不能方向還沒搞清，就選一個目標開始往前衝。比如太年輕就蠻幹，努力的程度、克服困難的能力，即使都跟人家一樣，結果方向錯了、深度不足了，再回頭已是百年身，沒機會了，只能徒呼負負，還能怎麼樣？

方向要對、氣度要有，高度才起來、深度才具足。建房子，建在沙地上，風一吹就倒，選擇在石盤上，耗的功夫即使多一點，建好了，長年久固。年輕人的信仰，如果沒有找對方向，如果深度、向度不足，一生不能重來；社會想要栽培年輕人，終究會失去了這塊璞玉。

爲什麼要講關注三種層次？就是要抽絲剝繭，讓大家清楚知道自己在意的是什麼。不因我是出家人，就講：「哎呀！何必結婚？學師父這樣過日子，多自在呀？」或者「哎呀！不要再搞什麼事業，還不是替人家賺錢而已，這麼忙幹什麼？」一定要以你的基礎爲出發點，但你的基礎在什麼的高度，得自己衡量。

你忙著賺錢、急著升遷，沒有錯或對，那是你的選擇，可是我還是要一個層次一個層次的抽絲剝繭，讓你明白你關心的層次是高還是低？深還是淺？重要還是不重要？是究竟根本的，還是枝微末節？生命不能重來，一定要想清楚。

● 生命厚度的漸次開展

人生所關注的三個層次，一生存、二生活、三生命。對一般人來講，有先後順序，先有生存、再來生活、最後才是生命，但少部分人幾乎沒有前兩項，只有第三項，誰呀？和尚！和尚只有生命，他不在意生活，更不在意生存。你說：「師父，您剛剛不還在餐廳吃飯吃得很高興？」人家請吃飯就吃，沒得吃，就回去喝我的茶葉包，不然怎麼辦？師父來這兒不是爲了吃，而是爲了完成生命的目的。所以不會先問：「我現在住的飯館幾星級？安排的飛機艙等是什麼？」完全不在意這些，不是多高尙，是因爲關注的重點不同。

當然，在意生存是天經地義的事，都活不了，還能做什麼？或許你也在第個三層次——生命，恭喜啊！或者你說：「我只在乎生存，還在生存邊緣掙扎。」那也很好。因爲背後的本質都是生命，都是佛法。朱元璋做過乞丐，每天就是爲了生存，後來還當上開國君王，所以在意生存沒什麼不對，從基層做起也很好。

臺灣有些成功企業家，很低調，出門永遠開一台豐田的爛車，家裡卻有好幾台貴重的名車，甚至是手工打造的車。我說：「有這麼好的車，怎麼不開？」「師父，這種好車，只有兩種情況出車。一是接師父；二是接重要或國際客戶。」那平常呢？「平常開這台車，不用找司機，自由自在多好！」他懂生活，不會擺闊，既不用過得神神秘秘、緊張兮兮，或者昭告天下：「我是有錢人！」

他懂生活，客廳裡擺設琴棋書畫，沒有雕龍刻鳳，叫作「後現代禪風」、「簡約主義」，每樣裝修都是到位的材質，可是就看不出奢侈。然而，奢侈的東西擺在那兒？他給你用的那個茶杯，漫不經心往下這麼一瞧，哎喲！名家的，一只新臺幣五、六萬元。這叫「低調奢華」。他怎麼過日子呢？人家週休二日，他週休四日，上班三天晃一下子，充分授權。打打高爾夫嗎？不，過氣了！做啥？參加禪修，找師父聊天，泡壺好茶，六十年的陳年普洱。講話輕聲細語，慈濟要來化緣，隨便一簽五萬、十萬元，要他做榮董，回說：「讓人家做就好了！」

看來好有格調，有這麼點兒雅痞氛圍。他的生命表現在這種悠遊當中，滿足了，覺得夠了，他賺夠錢了，所以他說「不貪」，也沒錯，跟他說「布施」，也很OK！可是他缺乏更深刻、將心比心的身心投入，以及內在生命價值的提升。

對一個很有錢的人來說，布施、不執著錢財，不難，但應該找更高的挑戰，挑戰自己；應該有更深刻的自我要求，問自己：「我的世間事業，我的生活、我的生存……，都已足夠，還有什麼是我生命絕不能忘懷的目標？找到了嗎？實踐了嗎？有方法實踐嗎？」對自我要有「一山還有一山高」的思維，挑戰自我！

臺灣的教育，只教到生活，很少再往上去了，後面的工作要交給師父，我得挑起「再深刻化」的擔子。但面對這種人最難，他表面看起來柔和，骨子裡很自信，因爲事業、錢財、良好的政商關係⋯⋯，都他掙來、經營來的，他不禁會懷疑：「師父說的那些管用嗎？有那麼重要嗎？我的人生不就這樣完成了？」

東方有其偉大的文化底蘊，也有其缺乏；西方有其不足，也有其成功之處跟難以不注意的善念。比如，西方有一個很重要的概念，是以一神教信仰的想法出發，他們說：「只要還有人餓死路邊，身爲人，都應該當作是我們的責任。」因爲「都是上帝造的人，上帝給我特權，我能賺這麼多錢，是上帝賜我的。」佛法不講神賜給你的，而是講這是你過去的業緣修來的，但你得保持並不該浪費這個機會，而要創造有益於更多人的價值。那一神教這麼說：「你要滿懷感恩回報上帝！所以你去幫助窮困的人，是你內在生命裡該做的事；至於苦難，則是上帝用另一個面貌來考驗你對上帝的信仰和忠誠度。」

接著，我們回過頭來談生命深度裡三個層次的內涵，分別是「生存：追求的是存活」、「生活：追求的是快樂」、「生命：追求的是意義」，以下逐一述明。

●生存：追求的是存活

這部分涵括了第一是「事業與健康需兼顧」，第二是「不為生存出賣靈魂」，以下分別就這兩個部分說明。

㈠事業與健康需兼顧

生存，牽涉到事業與健康，追求的目標是存活。有份工作、收入，大概就算事業了。可是，有工作、收入，沒有一個足夠支撐身體的健康，一切等於零；所以，沒有事業活不下去，有了事業、賺盡天下錢，然後失去健康，那生存受到了威脅，後面兩個層次的生活與生命，想要安穩也都不可能了。

有佛教大德說：「人類很奇怪，年輕時放棄健康和心靈，要賺盡天下的錢，等賺到錢，又放棄金錢，反過來追求健康。」這就是丟一個找一個，找一個又丟一個。在追求生存過程中，很可能迷失自我，讓人爲了生存而不擇手段，雖未必違法犯律，但可能因而失去健康，更糟的是，失去自己的靈魂、生命的本質，以及人格的基準——普天之下可以被認定的基準，如果失去了健康、靈魂跟生命的本質，如此這般追求，只是爲了生存，是很可怕的事。

㈡不爲生存出賣靈魂

事業，基本要維持獲利，支應生活所需，但不能違背兩件事情，一是不能夠失去健康，二是不能夠不擇手段。不擇手段會失去自己的人格，《浮士德》就是描述出賣自己靈魂的故事，因不擇手段而成功了事業，甚至也妥適安排了生活，但畢竟生命不光彩，最終還是無法對人啟齒。

關於這一點，在佛教八正道「見、思、語、業、命、勤、念、定」裡頭，有提到正命、正業的觀念。正業、正命是什麼意思？正命就是正當的活命方法，不能只是法律上的不犯法，卻在因果上有不恰當的行爲。所以我常說，生活在有佛教信仰的國家，是種福氣。因爲眞正信佛的人，不會去做作奸犯科、國家所不允許的商業行爲，因而得以保持事業的社會正義性。

做爲人，一定要學會基本的生存能力，包括健康、事業的長期存活，更重要的是，沒有出賣人格——打從一開始，就得認知到「千萬不能出賣人格來過活」。

佛教經典說「因果如影隨形」，不會因爲你基於某個不得已的理由，做了出賣自己靈魂的不當行爲，然後就說「因爲不得已，所以沒有因果」。這樣的想法是錯誤的。因果如影隨形，佛教礙難同意「因爲不得已」的論點；如果過去不知道這個道理，也就罷了，如果今日已知，那麼請停止以此爲藉口的不當行爲。

有位居士，人緣好，人生閱歷豐富，算是經歷臺灣經濟成長的代表性人物，因此，中國大陸有所大學要寫他的傳記。他長時間在大陸經商，有段時候回臺灣，跟成功大學的科技專才合組公司，成員都是留學歐美、日本的頂尖生物化學、生物科技博士或教授，做了些很棒的研究。比如有個產品，叫作多醣，全球只有德國、日本跟臺灣有能力製造。醣本來就是一種能量，能活化人類的細胞，產生很大的能量，而八醣結構的醣才是一個完整、能夠整體互輸生命力道的物質；多醣也就是八醣體，而這種八醣體的鏈結，人體上沒辦法自己產生。

歐美很早就知道八醣體的重要性，但能製造出來的國家，只有德國跟日本，遺憾的是，他們殺牛，用動物來製造。這位居士是佛教徒，堅持不殺生，讓那些成大生物科技的教授很頭大，只能找植物類的原料研發，結果研發出來了，經過臺灣政府的標準檢驗後，成爲可販賣的產品。在這樣狀態下，只要他點頭，就可以大賺獨門生意的錢，他放得下這種賺錢的機會嗎？

到臺北故宮博物院，一定要看「白菜」或者那塊「滷肉」，故宮打算授權給臺灣一家很不錯的工藝廠商，他們能夠惟妙惟肖地做出那種外形，製成酒器裝酒，販售給來臺觀光的大陸同胞，市場很大，他打算獨攬這門生意，就問我看法，他太太在旁邊，聽到這麼問就說：「師父啊！他問假的啦！」他太太接著爆料：「錢已經投下去了，現在還問？」意思是說讓師父為難。其實他不會為難我，我也不打算為難他，做師父的就是看他佛法能聽多少就講多少，看他的程度到多少就說多少，佛法不會強迫人，講佛法的師父也不強迫人。

佛法本來就如此，人對生命的看法深度不同，你給的濃度也不一樣，要看他能消化什麼。就像剛出生的小孩，不要給太高濃度的營養劑，要給母奶，等他慢慢長大了，再給高營養劑，這才消化得了。聽他講完了，我既不會強調他要或不要，也不會回答他該或不該，只說：「你不是也受菩薩戒……。」

提到菩薩戒，漢傳大乘佛法有，藏傳也有，不過沒漢傳佛教那麼興盛；漢傳佛教的說法，叫作受菩薩戒。「戒」是一種遮止，比如不殺生。要求不殺生，人不殺以外，豬、狗、貓、羊等，不殺，螞蟻、蚊子等，也都不殺。

你問：「蚊子是害蟲呀？」錯！說蚊子是害蟲，是從人的角度來看，就蚊子的角度而言，不過就是吸一滴血在肚子裡以求得生存。你再說：「蚊子會傳遞病毒鄉、傳染病。」是！但人有能力阻擋，紗窗、蚊香，或在密閉的環境開冷氣，不需用殺死牠來阻擋。你還說：「一隻小生命，算什麼嘛！」以學佛的菩薩來說，重點不在於生物的大小，而在於生命個體的貪生怕死本質是一樣的，不因貧窮、出身高低、愚癡……而有所不同，也不因他是我員工，就比我不值錢。因爲同樣的標準也會放在你身上來檢驗的。信不信？不妨回憶一下，你會經不是公司老闆，是在人家的公司做事，被老闆吆來喝去，完全不把你當一回事，你內心的難堪不會隨歲月而消逝的；人同此心，這個內在我的難堪感受，人人都是一樣的；貪生怕死的心，哪怕是一隻小小的螞蟻，大凡是生物，也都會有此心。

不打死一隻蚊子，不是因爲濫慈悲、膽子小，或者害怕佛陀處罰，所以不去打死蚊子，而是基於我對一切生命都有不可動搖的信仰。我信仰我不希望鄙視看輕，我信仰我不要被任意宰割，我信仰我那生命內在的痛苦跟自尊，還有想活命的內在渴望，都是那麼強烈。基於自我內在觀照有這麼強烈的覺知，所以能體會到一隻螞蟻或蚊子的內在也是恐懼死亡，我因爲尊重我自己害怕莫名的死亡，因此也尊重一隻蚊子或螞蟻內心如此恐懼死亡，所以不打蚊子或螞蟻。

諸位呀！這不關乎法律，也不關乎佛陀會不會懲罰你，這關乎你內在生命對自己的覺照，這就是覺悟之教、覺悟之法，這就是將心比心的眞實義。這不是文化，更不是責任，更不是神話、神諭，也不是佛陀要你這樣做，只是你深刻的自我瞭解自己生命的悸動、生命內在的感觸，只是你深刻的觀察面臨死亡的恐懼之後，你會設身處地的觀想，並且自然流露出無止境的慈悲，如此而已。諸位想想看，一個國家不論人口多寡，如果這個國家的人民能夠用設身處地的觀想和態度來跟他人相處，原來不和諧的自然和諧了，不自我要求的自然會自我要求了。這不是因爲有政令法律或宗教規則、戒律恐嚇，甚或威嚇下地獄所造就，而是人的內在自我覺照所流露的「我願意做！」這就是所謂「菩薩戒」。

臺灣一個有名的賣酒廣告，他沒叫你買酒，他幹嘛？他演一個中年紳士，開著賓士跑車，從海岸邊一路開著，沿途是風光旖旎的花蓮，隨之來到台東一片白沙的海岸，停下來之後，攤開一個精緻木桌，在一個加了冰塊的美美杯子裡，倒進一杯「佛陀走路」，然後悠閒地「品」這麼一下，接著出現一小行字「喝酒過多，有礙健康！」這支廣告沒叫你買酒，可是它描述了什麼？說生活境界、享受、五欲、爽……，不單單如此。它要說的是：「成功人士應該要這樣過生活、這樣品酒；來買我的酒，你就會像那影中人一樣！」你自自然然就會想去買那個酒來喝，想像自己就是廣告裡頭的那個人。大陸也有這種廣告，美麗女星、垂肩秀髮，那麼甩一下，烏溜溜好柔順的頭髮滑了下來。爲什麼她要這樣子？因爲看的女生會覺得，那不就是我要的髮質嗎？雖然沒說洗髮精有多好，但讓人看了，想像自己和廣告的女主角一樣，於是就想買、就要買。這類廣告在傳遞一種成功人士該過的生活形態，有觸發閱聽者自我想像的「催眠魔力」。

這位居士問我：「賣這種酒，營收蠻好，該怎麼辦？」因爲不要引述佛法讓他覺得難堪，就很小心地對他講：「你沒受菩薩戒，也沒受五戒。」五戒裡有不喝酒這條戒，那菩薩戒是喝酒犯罪，但小罪一條，因爲你自己喝酒。那「賣酒」給人，讓所有人都昏頭，可能酒醉亂性，你也不可能跟人家說：「我的酒喝了會亂性，所以你不要喝。」你頂多寫「喝酒太多，有礙健康！」就像香菸外盒寫的「抽煙太多，有礙健康」一樣，印上很小的十二號字，甚至十號字擺在旁邊而已，那是政府規定的，字太大，商人不同意，所以就在旁邊寫上很小的字。你能夠叫顧客不買嗎？能叫顧客不要喝酒嗎？不可能！所以就主動要人多喝酒，甚至於用一種廣告的平台，來標示、誘引別人喝酒，用這種手法讓更多人喝酒，讓人可能因酒後亂性而出賣了自己的靈魂或傷人傷己。

佛陀說，受菩薩戒，爲利益一切衆生。什麼是菩薩？「菩提薩埵」，菩提薩埵是原譯，簡單說叫作「菩薩」，是指還沒成佛之前，學著如何利益一切衆生、讓一切衆生皆入覺悟之道的那個修行者，名爲菩薩。你可想像，他是爲了利益一切衆生而覺悟，希望一切衆生覺悟，這樣子發心的人，要讓衆生覺悟，怎麼還讓人家喝酒恍惚呢？所以菩薩戒規定「賣酒犯重罪。」

因爲已經投入資金，怕他爲難，於是先說反正你也沒守這條戒，接著講：「既然問了，我還是要告訴你，如果受菩薩戒，賣酒是重罪。重罪到可能召感到一個五百世無手的果報。不過你沒受菩薩戒，暫時沒有這個顧慮，就看著辦吧！」

我沒有教他要或不要，但這位居士聽了之後，二話不說：「師父，您這麼一講，我馬上停止，不做了。眞不好意思，我今天上午還送人家兩瓶，以後再也不送了。」他太太聽了很驚訝，我也很驚訝。對他來講，這不全然是生存問題，因爲他有些專利，這些專利可以轉變成能賺錢的商品。其實他已經投資上千萬人民幣了，但用專利生產新產品，要讓社會接受，還要一段時間，還沒賺錢先燒錢，撤廣告、打通路等等；他需要一個能趕快賺錢換現金，再讓公司往上走的「生存需要」。換言之，他沒有個人的生存問題，卻有要讓企業生存的需要。在這個狀態下，他問我問題，我多少也知道這個背景，所以小心和他談這件事，做師父的人，一定要顧慮到他眼前覺得最重要的事而不要一味過度的阻擋。

在臺灣當和尚、當師父，是很辛苦的。怎麼辛苦？我有位信徒是媽媽，女兒讀博士，交了一個碩士男朋友，她覺得非常不配，來找師父問：「師父，您務必幫我看一下，我女兒跟他配不配？」我說：「和尚都沒有婚姻，我說不配，你女兒說：『呸！』」此「呸」非彼「配」，對不對？我說你配，那其他居士也「呸」說：「師父，你自己都沒結婚，怎麼說他們配？」我說，我實在也很「呸」！真的不曉得怎麼回答，是與不是或說與不說，都很麻煩。

後來，信徒媽媽來了，帶女兒、男朋友一起來。我說：「男女交往，不要欲望掛帥。因爲愛情有效期只有三個月，如果做夫妻前就失去神秘感，容易生變，婚前保持神秘感，對彼此都好。」那女孩就說：「可是我們論及婚嫁。」我問：「你知道從戀愛跨過結婚多長嗎？」她說不知，我說：「一夜而已！」她問：「怎樣一夜？」結婚那天太太叫新娘，隔夜叫老婆，一新一老，一夜之間折舊百分之五十，女生這樣的價值，你們彼此怎麼負擔得了？所以西方人說「婚姻是戀愛的墳墓」。你今天來問我，師父如果說你們配，無非是挖個墳墓讓你跳；如果說你們不配，現在你就跳墳墓。所以我很難說。談夫妻關係，西方講愛，中國人講恩愛，先有恩再有愛。恩，歷久彌新；恩，越久越有餘味；恩，是兩人生活碰撞所累積的火花，越碰越久越熾熱，感情反而淵遠流長。但愛情常常相反，有保鮮期的——越久越沒味兒，越處久越覺得煩。

「你不要整天問我去哪裡啦，女人這麼多話！」「以前還沒結婚的時候，你去哪裡都讓我跟，現在去哪裡都不讓我知道。」對啊，因爲折舊了嘛，彼此沒有恩，就不顧慮對方的感受、不顧慮對方在你身上用了多少心，不顧慮對方在她年輕、你事業也還沒成就的時候，就嫁過來，你就娶了她。不是只有愛情，而是彼此都要心存有恩，不然婚姻永遠是一個冒險。年輕人，你們配不配呀？自己去配吧！我可不知道。講完了，那對年輕人歡喜讚歎頂禮而去。

那位居士問賣酒問題，我也一樣，只能假設他確實沒有受菩薩戒，再來說明菩薩要利益一切衆生。有戒律的佛子被要求「寧可喝酒，也不能賣酒」，因爲賣酒是十重罪之一，果報是五百世無手。我告訴他這個結論，但說：「我不是說你。」他二話不說就決定不做，眞是好人；臺灣有名的高粱酒也是素的，所以，他來問我之前的想法，也許是這樣的：「不殺生，最重要，酒，還行吧？」我基本上先同意，但告訴他，以你這樣一個佛門裡頭眾所矚目的居士，就算沒有眞的受菩薩戒，人家可能會用一個稍高的標準來看你，嘴裡不說，你心裡明白，就自己衡量了。這些話是後面才講的，當我講到菩薩戒有這一條時，他回說：「師父，不做了，沒關係！我就跟朋友好好說，我們是好朋友，沒問題。」我很感動。他在面對即便是生存問題時也明快做了抉擇，展現了企業家的生命厚度——即便師父沒有強迫、沒有要求，取與不取、爲與不爲，他淸楚明白。

當你面對生存、道義以及心靈價値時，孰輕孰重？我沒說要按照那個標準，但你一定要有標準，這個標準要有一定的高度，我不知道是什麼或應該是什麼，因爲具體內涵因人而異、依人而擇，我現在要講的則是佛教的高度。

我剛出家時，編過一本書《沙彌學處》，當中收錄了一部律法《沙彌戒》。沙彌戒裡頭有這麼一個故事，和漢傳佛教的僧服有關。我僧服的兩條線都是掛在那兒，沒有綁起來，它不是拿來綁的；韓國比丘是綁著的，其實是不能綁的，因爲它是中國祖師對戒律遵守的一種表述，表述什麼？代表什麼意義呢？

有這麼一個故事，有位沙彌，家境很好，是印度貴族，長相莊嚴，十八歲出家。現在看十八歲像小孩，那時代的印度，十八歲就是大人，十四歲當爸爸，女人十二歲當媽媽，二十四歲當阿嬤。所以十八歲，當個英俊年少的出家人，理所當然，他去托缽，果真就被一位千金小姐看上眼了。

她選爹娘都不在的時候，請沙彌來家裡應供，還支開了傭人。那師父呢？理論上要兩個人一起去的，結果那天不知道什麼因緣，只一個人去，這是不可以的，要兩個人以上才行。他以爲她家裡有人，哪知沒人，一進去，那女孩「咔嚓」，就把門反鎖，然後露出猙獰面孔說：「今天你落在我手裡！師父，你不用擔心，只要你答應我一件事。」他問：「什麼事？」看來宴無好宴。她說：「我想你好久了，現在爹娘不在，我沒有你恐怕活不下去，你就做我夫婿吧！」

沙彌心想：「我業障深重，今天遭魔考！」接著想：「佛陀有說，寧可守戒，可以護我累劫無量無邊的法身慧命。我一生的肉體生命，不過就是一生而已，與無量無邊的法身慧命相比，因犯戒而毀了我無量無邊的法身慧命，不如現在爲持戒而死。」於是先與女主虛與委蛇一番：「好啊！既然這樣，你也得讓我準備一下。」那女孩子一聽，春心蕩漾，就答應了。他走進房間，拿戒刀自殺。

國王知道這件事情，用大臣的規格送葬，但沒有對女孩施以法律制裁，因爲這是人性的貪愛，何況也不是女孩殺的。再者，在印度，男女之間的求愛，在合理的行爲之內是被容許的。但出自佛教家庭的女孩子已嚇得不知該怎麼辦了。

律經提到沙彌爲守戒而自殺故事，和僧服側邊這兩條布帶有關，因爲它用來綁戒刀。平常是不用綁的，可以跟韓國和尚講，那個不是拿來綁的，偶爾鈕扣壞了，是可以綁，救急一下還可以。當然，平常不會綁戒刀的，因爲那會嚇壞人了，目的其是讓你「睹物思戒」——看到它，就想到這個故事。

「我又不是沙彌，跟我講這個故事幹啥？」我說，生命哪怕是死了，也是一次而已，歷朝歷代有多少英雄好漢，

《水滸傳》裡頭的英雄好漢說：「二十年後又是一條好漢！」爲了生命中的理想跟價值，生命的消逝可以重如泰山，但如果輕忽了、出賣了自己生命的價值，那是累世也換不回的，能夠不謹愼嗎？

身爲企業家，是員工的榜樣、社會的佼佼者，也是這個時代所仰賴的社會菁英，你的行爲舉止，如果還要靠法律規範，那只是一般人的成績，要找到你生命不可動搖的價值，讓你的企業有不可動搖的基礎，這是由心召感的，也才是眞眞切切的生存之道。

● 生活：追求的是快樂

第二個，講生活。有了健康、事業，能生存了，漸漸的就會懂生活。比較有生活能力之後，接著就會想完成的情懷或理想。時下的臺灣年輕世代有情懷、理想，對社會、國家及自己的人生要做什麼，很有自己的想法，這很不錯。

一、二十年前問年輕人：「你將來要做什麼？」他們多數想不出來自己要幹嘛。最近幾年，你問臺灣年輕人，他們可以跟你講一堆，甚至於是專業的電動遊戲；在家兼職打電玩，一個月賺兩、三萬塊新臺幣，不用跟爸媽拿學費、生活費。因爲有請人專門測試遊戲的工作，所以他可以有工作、有他自己的理想。可是你會發現他們太小資、太小確幸，太淺薄了一點，他找到一個目標就抓住。其實目標不一定就在眼前，有時需要一些生命的厚度去感受。他太快下決定，若方向弄錯了，早走只會早死而已，有沒有走對，這是首要的課題。這個主題還涵蓋兩個主題，第一是「莫把生存擴張爲生活的一切」，第二是「跨越生活誤區追求生命價值」，分別述明如下。

㈠莫把生存擴張為生活的一切

再來談企業家的生活，他或許已經有段感情，有家庭生活，如果企業本身就是他的理想，企業也已經賺錢了。接著他怎麼做？他開始轉投資，投資本業之外的，投這個賺錢，做那個也賺錢。我有對信徒夫妻，一年大概花人民幣一千萬元，做什麼呢？臺灣的小孩，凡是家庭貧窮、孤苦無依或難教養的，他都到各個縣市社會局捐錢，親自拿給小孩需要的文具、衣服，到小孩的家裡去探望，一年繞全臺灣三次，四個月繞一次，每次都好幾天。他家住臺北，有時衝到屏東，然後三、四天後又回臺，隔了一個禮拜換到高雄、台南，每個禮拜去一個縣市，就這樣一個季節跑一遍臺灣。花自己的錢，而且要求臺灣的政府不准把公布他們的姓名，說哪一天公告了他就不幹，所以十多年來，臺灣報紙、媒體從沒有報導他，也因此沒有人知道他做了這些善事義舉。

他們是寺裡的信徒，有次打佛七，他們也來，很難得。夫妻倆人都已交棒，目前只是企業的股東。他跟宏碁電腦創辦人施振榮，還有美國 Microsoft 都熟，早期全球電腦界的領導人都認識他們。他們來打佛七——七天晚上不能吃，早上吃很簡單，中午吃多一點，整天念佛，念阿彌陀佛七天。對一個企業家來講，睡也睡不好、吃也吃不好，這七天七夜也很累。他們回去之後，剛好隔幾天我上臺北，先生說：「師父，你來臺北，見個面吧！剛好我們佛七回來有些感觸，想跟您請益佛七的感動。」我說：「好好好！」這樣的企業家，臺灣有不少，他們願意投入修行，眞的不錯。

見面時，我們聊生活。你知道嗎？很多窮苦人家住在窮鄉僻壤，訪視一戶，要開一、兩個小時車程，一天關懷十幾戶，眞得披星戴月。老闆家住臺北，太太常穿高跟鞋逛呀逛，現在願意親自把東西送到那麼遠的地方給小孩，只因這些孩子有很多都沒有爸媽，所以送東西去，還給他們母愛、父愛，這非常重要。現在不給他們母愛、父愛，將來他們可能會埋怨這個社會；現在給，讓他們覺得社會有愛，人與人的關係不冷漠，就會幫助到這些孩子的人格健康成長。

這對老闆夫婦的想法完全正確，我也完全支持，就問他們：「你們六十多歲了，一年花這麼多錢，有沒有想換一下跑道或改變一下做法？」他說：「師父，我們就以這個爲主要的生活目標，其餘的，就是朋友之間的約訪往來。」我說：「你有很多朋友，包括宏碁電腦的老老闆，你們都熟，能不能也約來一起做？」他說：「有，無論宏碁、華碩都有人下來做。」我說：「那很難得！」但他也提到，有些企業家光聽就打瞌睡，寧可喝下午茶，要不就是都不知道在做什麼，就要開張新臺幣二、三十萬，甚至百萬元的支票。然後呢？他說：「不收啊！」為什麼？他說：「因爲他們根本不知道我在做什麼，以爲花錢就可以，不可以的，花了錢我有責任，我不能這樣做。」那你怎麼跟他講？他說：「我就說，給錢很簡單，你跟我跑一趟看我做什麼，然後直接介紹社會局給你，要給多少隨你，我不經手。」這樣提議，有沒有人跟去？他說：「寥寥無幾！」

這就是我要講的生活。很多已經做到一定程度的企業大老闆，幾乎不用在第一線管事了，可是他們的生活呢？寧可享享樂、晃一晃，做業外投資？此時投資，已經不再是生存問題，而是習慣問題。他跟我說：「他們吃吃喝喝以外，還是在賺錢。」賺什麼錢？他說：「賺其他投資啊！」怎麼賺？他說：「像我們這樣的人，在基因裡頭，隨便看一下經濟報告、全球商業指標，自然就會生起一個怎麼投資、投哪裡、找誰投，然後怎麼賺的方法；大概一個禮拜內，錢到位，完成投資，就開始賺錢。」我問：「這，什麼意思？」他說：「師父，就錢滾錢啊！」你有做嗎？他說：「我沒做，才有辦法過每三個月繞臺灣一次、再休息一個月的生活。」

「那其他人呢？」甚至比他們更有錢的人，他們也可以跟著你做啊。他說：「沒有，我要求他們把時間空出來，一天都不行。」那在幹嘛？他說：「忙著轉投資、談股票、喝下午茶，找誰聊天啊！或穿漂亮、買什麼的……。」他們過那種雅痞生活。因爲財富重分配，他這樣消費，沒有問題呀。可是你知道嗎？當生存奮鬥到成功的時候，爲生存而奮鬥的模式，居然就靜悄悄的變成了你全部的生活模式，習慣拿錢賺錢，看到有賺錢的機會，根本就放不下。

這對夫妻跟我講：「我們這類人碰不得任何經濟上的分析文字，因爲只要一看，馬上知道要到哪裡投資，幾乎百發百中一定賺。我們清楚哪個企業往上成長，投資多久可以獲利。」那會怎樣？他說：「結果就永遠追不完、止不住。因爲看到賺錢機會，不賺手會癢。」這好像賭徒喔，有錢不賭會難受，何況每次賭（投資），幾乎就是賺。我問：「天下有這種好事？」他說：「業界摸熟了，大概就是如此，而且好朋友會互通有無。」我說：「哦！難怪你會經說過，自從你們到偏鄉『花錢』之後，很多過去的好朋友都離開了。」他說：「對呀！因爲坐下來談的，無非就是投資、賺錢、花錢、去玩，然後又投資、賺錢……。」唉！他們的生活竟變成那樣，這固然這沒有賣掉你的理想，但已賣掉你的人生，因爲你的生活樣態已經被制約且習慣了。

早期農業社會，臺灣人被稱作「臺灣牛」，就因爲做不停。哪怕灌溉的溪流乾枯了，旁邊都露出溪底泥，只剩下中間一條涓滴的水路，還是想努力引渠澆灌作物，這讓我想到在維也納大學發表佛學論文的經驗。維也納是音樂之都，我發表完論文，走出來就是多瑙河的支流，先遊河，之後再騎腳踏車，從白天騎到晚上自由行，河邊沿岸有曬太陽、聊天看書、躺著發呆、喝咖啡的，還有小孩玩球、遛狗，就是沒看到有人在那裡墾土掘地種白菜。在臺灣，只要有塊河邊地，一定就有老先生或老太太、大嬸或大伯在那裡墾地，種土豆、種菜。進一步瞭解，他們的兒子有幾棟房，自己有些錢，不敢說大富，生活倒也優渥。問他：「老伯，您在做什麼？」他回：「哎喲！看到一塊地空在那兒，覺得可惜。」

算起來，這也是中國人的優點，活到老做到老，不是學到老，生活就是幹活。若變成企業家，他不種田，就拿賺錢當義務、當生命的一切。錢夠用就好，企業穩定了，還有生命的課題呀！這是華人的文化，說他勤快OK！可是勤快得深度不足，生命該勤快的地方還有很多、更多呢！

㈡跨越生活誤區追求生命價值

這對信徒夫妻勤不勤快？一個四季，有三個月跑完全臺灣，只因一個「不忍之心」——不忍這些沒爹沒娘的孩子輸在起跑點上。他們甚至扮演這三千多個小孩的「隱姓爹娘」，親身訪視、勤快關懷，沒人要他們做這些，他們甚至要求社會局不能公布姓名呢。

我們爲什麼不能把生活變成這樣呢？在生活裡帶入生命的價值，而不是將生存擴張成爲生活的大部分，甚至是全部。生存有時很殘酷、沒有樂趣，當生存有把握了，卻把那個殘酷的賺錢方式變成爲生活模式，然後「富者恆富，窮者恆窮」，何苦來哉？人生若以賺錢爲目的，生活將變得枯燥，雖非故意卻成習慣——他沒有覺醒或學不會生命的厚度，把那無趣的、現實的生存模式，一直擴張成爲他生活的全部，有必要這樣嗎？當然沒有必要，但是他習慣了！

他們都是很好的企業家，但太習慣這樣了。就像那個在河邊種這種那的大嬸、大伯，不是有缺，而是習慣。叫他們念佛，不念，讓他們聽經，不聽，而是把種的菜送給左鄰右舍，因爲兒女都在外面，也不吃。我說：「你也可以多照顧街坊上失去父母的小孩，或者到寺院幫忙整理環境，讓寺院更優美，讓走到這裡的人心情更安詳，做這些功德，都是心靈的啊！」他們不要，只想幹活兒。有位老太太就一直這麼忙、這麼做，等我去看她，她已經躺在醫院吊了好幾個月點滴，她兒子後來跟我說，現在她沒力氣了，想多念一句佛都沒機會，眞可惜。

人若一直停留在生存跟生活之間的狀態，有必要嗎？這是一個很值得省思的深層問題——再不懂得把生命放在心靈當中去思索，將來就會習慣如此生活，這是已經有一定生存基礎者的「生活誤區」，應該避免，並重新思考並展現更有價值、更有意義的生命樣貌。

● 生命：追求的是意義

生命追求的意義，包括了第一「仰望生命厚度是追求的動力」，以及第二「以終極關懷完成現世目的」兩個區塊，以下再分別解說。

㈠仰望生命厚度是追求的動力

走到生命來，能夠碰觸到人生的第三個層次，大多是社會的佼佼者，不只是在企業上的地位、身份跟職務而已，更在於「生命厚度」。

企業家的成就，往往代表著他所經營的企業形象。擁有什麼樣子的心靈世界，就會投影出什麼樣子企業模式，所以應該將自己的生存、生活繼續向上提升到生命的層次，主要談的是「現世目的與終極關懷」，且讓兩者相結合，但有遠有近。終極關懷，既是以現世目的爲基礎的堆疊，更是現世目的所導引的方向。

㈡以終極關懷完成現世目的

講到以終極關懷完成現世目的，我們必須清楚「生命是一次次因果的堆疊」、「活出生命價值更種未來因」這兩個關鍵元素。

㈠生命是一次次因果的堆疊

你的現世目的是什麼？一般人認爲：「好好賺錢，將來作社會慈善。」這不錯，好好賺錢是現在的事，將來要做社會慈善家，就像那對居士夫妻爲關懷弱勢孩子，每三個月要繞臺灣一次。但人生不是只有一世，有過去、現在、未來，就算現世這樣做了，以佛教的角度來說，那就是一個好人而已。

有這麼句古話「一口氣在千般用，一氣不來萬事休！」人放不下時，不妨念這句口訣。一口氣，就是現世，千般用，好用、壞用、雜用、專用，都是用，那是千般用沒錯，可是七用八用，如果你用的都是散的，沒有一個眞正的終極關懷，若一氣不來，請問生命往何而去？生命的厚度又在那裡？

生命有因果關係，是一次又一次因果的堆疊。小時候，讀書、思考，聽聞大人教導、老師教育，慢慢自然形成你想要做的事，然後開始做。在做企業的過程，努力學管理，然後一步步調整、修正，最後成就今天的事業，都有因果。今天的結果，是過去某個「單因」所促成的？當然不是。因有強有弱，一個強「單因」未必能完全成果，比如要成爲大企業，一定要找人合作，技術不足的要引入技術，資金不足的要找資金，員工不足的要找員工，員工能力不夠還得提升，產品要行銷、人員要管理、財務要控管，乃至於公司要轉型等等，哪一樣不用學習？所以你擁有了今天的成果，都是因果所致，都是「多因」堆疊而成。

如果當時不是針對企業目的去學習、改造，今天會成功嗎？如果企業做一半，就跑去打高爾夫、學太極，擺著不管，那企業會好嗎？肯定不會。一定要鎖定一個目標，不斷多方學習、持續努力，才會成功。同理，若把人生當作經營企業的過程，那麼最終你的企業要走向哪裡，就得在每個促成企業成功的步驟上，不斷學習、調整，同時朝著專一的既定目標而行。

㈡活出生命價值更種未來因

你的人生如果沒有特定目標，那請問，你怎麼定「現世的目的」？怎麼做？是這裡做一做、那裡做一做？有人找從政就從政，有人找投資就投資，有人找那就那、說這就這，那你有多少時間可用？結果樣樣做樣樣鬆。臨死前，到底此生所爲而來、所爲而何，從沒想過，人生的終極關懷也就沒著落。

有個問題，要仔細用心想想：當我們要出國，一定要先知道辦什麼簽證、搭什麼飛機、帶什麼衣服、注意些什麼法令，出國前再三檢查行囊，一切準備妥當才出門。出國這麼簡單的行爲，都要預先做這麼多事，那麼人的一生、人的生死，不用問生的目的？不用問死了到哪裡？都不用問要準備什麼嗎？

「師父，從來沒有一個死掉的人回來跟我講啊！我怎麼知道？」你大可認爲是這樣，可是佛法講的好多，只是你沒聽而已。佛法說：「你今生所造一切業，爲你來生所感一切相；今天所受的一切果，不論你高興或不高興，都是你過去生命堆疊的結果。」這個不須推論，你的現實生命經驗就是如此，想吃肉燥飯，不會走向煮滷肉麵的攤子，一定往賣肉燥飯的地方去。因爲目標清楚，方向才清楚，方向清楚，走對了，就會到達目標；這都是有因果的。

今天你做的任何善惡好壞，都是因，都會產生果。哪怕只是忙茫盲地賺錢，賺完之後呢？哪一分一毫你可以帶到未來？賺那麼多要帶到哪裡？留給家人？你爹娘留多少給你？你今天還不是擁有那麼多錢，你事業還不是很成功？那爲什麼要留給你的兒女那麼多呢？爲什麼不現在就建立你生命的價值與目的呢？比如「我的成就，就是一切衆生的成就；我的獲得，可以分享給最需要的人！」兒女只是給他們基礎就好，讓他們接受足夠的教育就成。

爲什麼從來沒這樣想過？你說：「沒想那麼多啦！我忙著賺錢啊！」結果不小心癌症四期，準備掛了，所以來不及了。是的，如果說到那個時候來不及，那也就罷了。但現在呢？你可以動、可以聽、可以想，可以有好多的機會、好多的選擇，去抉選你生命的終極關懷。我們到美國、歐洲玩，都還會去打聽那裡的法令規範、鈔票怎麼換、氣候又如何？我們死掉了去哪裡，卻茫無所知，甚至還繼續安然度日，這樣合理嗎？這是對自己負責任的作法嗎？

聽說北京這陣子有霧霾，我特別準備 N95 口罩，結果根本用不上，現在空氣、陽光都好，大家善心召感啊！這麼簡單的事，我都要準備口罩。關於生命終極關懷這麼重要的事，不是師父要你準備，是你自己應該準備啊，這樣才是對自己負責任。但實際呢？不是，沒人談，書上也沒解答，百度也查不出來……，做企業的人，什麼都要計算，對吧？投資成本多少，什麼時候回收，通通得計算好，就生命的終極關懷沒計算，還覺得沒關係，只因爲沒人教，或者週邊的人都不在意，所以你也不在意，是嗎？這樣合理嗎？

我們都被騙了，被一個散漫的自我給騙了。佛法明明講了很多人生的今生與未來，告訴我們：你的未來可以在今生決定，你的過去你已經做完了，你沒辦法再決定你的過去，可是你的未來可以在今生決定。那麼，你找到鏈結了嗎？那就是「現世目的與終極關懷」。現世目的，有時候跟終極關懷沒那麼直接關連，但究竟是有關係的。講講我自己，當作是例子吧。

大家看介紹文或連上我們的官方網站，可以看到「僧伽林」。我小學五年級，立志做物理學家，那時根本不知道什麼是物理。我出生在北投，是臺北接近陽明山的一個區。有時到北投圖書館看書，看到一本書「理則學」，內容文縐縐，講邏輯因明學，因就是邏輯學，臺灣早期的大學用書翻譯成「理則」，道理的原則。

我去借書，借書的小姐問我借書證，我說沒借書證，她說：「沒借書證，可以辦。」我說好。「那身分證？」我說沒身份證。她說：「你怎麼沒身分證？」我現在一八米八，那時長得快，將近一米七。我說不知道。她問：「你幾年級？」她誤認我是國中生，我說五年級。「什麼？五年級，小學生，那不行！」我氣得當場跟她辯論，爲什麼不能借？書就擺在那兒給人家借，爲什麼沒借書證就不能借？我可以辦啊！「辦，要有身分證才行。」我說沒身分證。「沒身分證就是不能辦！」我說爲什麼沒身分證就不能辦？沒身分證就不能看書嗎？就一路辯了起來。吵到館長聽到聲音跑了出來，他想一個小孩居然據理力爭，覺得好笑。

對了，我還做很糟的事，那書是用一根鐵條穿過書卡，年紀大一點的就知道，早期圖書館都是這樣，我卻把書卡給撕下來了，哎呀要命！不能撕的，那是借書的基本資料，你還要用借書單去寫，老師沒教嘛。我看到《大學理則學》，就把它撕下來說借這本，氣爆了那個小姐，所以往下說什麼她都不想聽了，兩人就吵起來。我的邏輯很簡單，書不就是給人看的嗎？誰說小學生不能看大學用書？其實我看不懂，但就好奇，就先借給我再說嘛。館長走出來，人家終究有館長的高度，一看我這樣就說：「哎呀！沒關係，王小姐，那就用我的借書證借給他好了。」還是要借書證。我回家看了四分之一的內容，做了筆記，做對做錯我也搞不清楚，最後撐一個月到期了，我就還了。

這件事，我想表達的意思是什麼？當我決定去看這本書，很清楚目標是要做物理學家，結果到了大二才發現，我要知道的那些道理，都不是物理學家研究的，原來我要知道的是佛學。回頭想想，我走過那玩樂、放蕩不羈的童年，小時候還眞是桀驁不馴，偷東西、講謊話、打架啦，什麼都幹，但我始終記得將來要做物理學家。玩是玩，都是假的，要做物理學家才是眞的，然後走過高中、大學聯考，還眞的塡第一志願，去讀成大物理，結果撐到大二，才發現那不是我眞正要追求或依靠的價值，佛法才是，於是我馬上轉念去修行乃至出家。

進一步深入去想。首先，一個現世目的，都能夠支撐一個小孩子不穩定的心情，難道不能支撐一個不穩定的企業？或者支撐一個已經穩定卻有茫然心靈的企業。難道不能？當然能。因爲小孩子都能靠它了，何況大人，何況企業組織。其次，當找到終極目標，如果發現以前路子走錯了，且很有勇氣馬上轉彎，對生命價值毫不猶豫也毫不遲疑，這樣子就是善待你自己的生命，並且成爲一個負責任的人。佛法教你要這樣而已，你要爲自己負責任——對待你生命的今生跟未來及其何去與何從，你都要有譜，要不然，只是過日子、過生活。過日子叫作生存，哪怕賺盡天下的錢，也只是滿足個人的欲求，但你的生命還是沒有光彩，你的未來還不曉得往哪兒去。

身爲企業主，我的生命價值在哪裡？我擁有生命的目的是什麼？我能爲哪些做些什麼？除了賺錢保持生存、建立生活、滿足感情與理想之外，還有什麼是我未來得面對、不可避免的生命課題，而我準備好了嗎？賺錢不一定跟你有關，政治、國家、文化……，都不一定跟你有關，但生跟死絕對是跟你有關的。一口氣不來，不是別人的一口氣不來，是你的一口氣不來，造善造惡會去受那個果報，不是週遭的人受，而是你自己受，所以你爲自己負責任。

企業的意義與價值

前面講個人生命的根本需求：生存、生活、生命，接下來就要導入到企業。企業，無非先要從生存的根本需要下手，那麼「企業的意義」是什麼？「企業的價值」又是什麼？要如何「回饋社會以純善必獲其益」？我們一個個來探討。

● 企業的意義

要探討企業的意義，首先要明白「人類生活離不開商業行爲」，其次要了解「思惟創造利益以外的價值」，最後要清楚「內在修練是趨向成功要素」，接著一項一項講。

● 人類生活離不開商業行爲

企業，英語enterprise，指的是有組織、事業心、進取心、冒險精神的意思。「企」表示企圖，「業」表示事業，企業顧名思義是企圖於事業，但專用於商業領域，表示企圖冒險從事某項獲取利潤的事業；企業作爲一種組織，指「應用資本賺取利潤的經濟組織」。企業行爲，是指明顯有創造利益目的之企圖而進行的一連串組織操作。標定自己是企業家，就是做生意，無論是生產、行銷、軟體、硬體，一般講法就是做生意，有別於政治、宗教或者慈善的這類團體，是在社會上很明確的一群人，有明確企圖想創造利潤的一個組織形態。簡單地說，找到資金，創作跟販賣商品或服務，以換取一定程度的利潤的組織，就是企業。

獲利，則是企業的共同目的。有些佛教徒會排斥獲利或者經營利益的行爲，覺得太自私或太自我，因爲獲利就是以自我爲目標，賺錢就只是個人或少數一群人賺錢，這個生意你做到了我就做不到，怎麼可以這樣呢？尤其是出家人，基本上是被規定不能做生意的一群人。有人不免疑問：「師父，您剛剛還說您是某某公司的創辦人呢？」我是創辦人，可我沒下去經營，我創辦一個概念而已，至於這個創辦概念是什麼，稍後會講，至少在這件事上，我沒有違背戒律。

企業在佛教徒的觀念裡，就是營利行爲，是過去中國人口中的奸商。早期士農工商，士排前面，商排最後面，認爲無商不奸。這種話聽起來不太舒服，但事起有因，佛教存在的意義，就是把一個本來不一定很OK的，轉成OK；本來被人家認爲是奸商的，讓它不但不是奸商，還是善商、優商——優質、有良知且愛護人類的商人。

商業行爲一定奸詐嗎？要眞這樣子的話，那社會不就完了？人類的一切經濟行爲，幾乎都是商業行爲，那麼天底下奸來奸去，就不完了？佛教不希望這個刻板印象一直留存，所以我們談佛法介入企業，再好不過。

出家人不營商，佛陀是這樣規定，但獲利並不意味著就是自私，而是要看目的是什麼，裡頭有幾個正義性的標準，如果這些標準能夠切實生根、實踐，這就有別於傳統西方資本主義的價值體系，進而創造了新的企業價價觀。

● 思惟創造利益以外的價值

西方，尤其是哈佛 MBA 的教授，多年前就開始反省：「企業一再促進消費，假苦長此以往，人類到底還能繼續走多久？」過去有位成大校長講過一句話，結果被罵得半死，他說：「那個 iPhone，那個 Apple 手機，太浪費資源了。」結果被那些蘋果迷、iPhone 粉絲一直罵：「你懂什麼商業行爲？」

這位校長的意思是，企業固然可以有私人的目的，但更應該爲地球的永續發展負責，越大的企業越該如此。大公司在生產過程中，耗費那麼多能源，卻給下游廠商那麼低的利潤，然後自己的公司賺走這麼多現金，甚至等於是一個國家整年的 GDP。他覺得：「你技術行、創新夠，但地球上有多少資源可以這樣濫用？」這是校長發自內在良心的諍言，所要提醒正是企業價值之所在。

企業爲追求永續發展，如果按照既定模式進行，人類會有繼續走下去的未來嗎？法國有位有名的經濟學家，二十二歲在哈佛當教授，是個天才，他和美國、英國的頂級經濟學家合作寫了一部很有名的書《二十一世紀資本論》，就提出這樣的質疑：「企業的價值，除了創造利益以外，會不會犧牲了太多東西？它最後會讓地球人類走向哪裡？」我們如果不早做準備，光是環境污染，就會毀掉所有的經濟發展了，甚至是整個世界都了賠進去。中國的人口、市場，還有整個生產鏈，最有機會去思考這個問題並轉變這個可能。這是師父來跟大家談的企圖。

講解佛法或人生道理，是種享受，講跟聽都是享受，兩者之間沒有人與人之間的計算、得失，而是一種人生裡頭的清腸、排毒，講與聽的人都全身舒暢。想想看，要是吃了好幾天大魚大肉，都沒有上廁所，突然間想上廁所，一定不會只上一半，而是想完全排掉，爲什麼？因爲全身舒暢。這樣形容是想加深大家的記憶，告訴大家聽聞佛法，其實不是加法，不是爲了堆積什麼知識，眞正的人生心靈哲學，其實是排除法、是減去法，是減低每個人很多的負擔、執著、難堪、堅持、恐懼、不確定。讓人聽聞之後，會有醍醐灌頂的感覺，會有「噢！對哦！我怎麼那麼笨？啊！現在沒事了，舒服！」的感覺才對。

我從大三開始在佛學社團裡講課，畢業後服義務役，中間只要休息或放假，也會到外面講講經，一路講到現在，有時人家會跟我說：「法師，你口才太好了！」聽了之後，我實在高興不起來，因爲佛法講的內容是應機說法，什麼是應機說法？比如昨天，突然間我想到有獎徵答，答對了送師父的《法藏比丘的非思不可》，這是臨時想起來的，爲什麼呢？因爲都已經講了兩個多小時沒下課，你們快要昏倒了，師父要熱一熱氣氛嘛！這是應機，即便是唱作俱佳，也是應機。應機是什麼意思？就是讓你能夠聽得下去，能夠在一個沒有壓力、沒有任何期待的狀態之下聽聞佛法。爲什麼這麼說？有所期待就會有我執，有我執就會有比較，有比較就不會眞正的像海綿一樣，讓本來是你內心裡頭的智慧從內湧現。

講經說法的人並不是把他的概念放在聽聞佛法的人身上，而是用他的體會誘發聽者內在的智慧。所以你們擁有什麼？你們應該擁有像嬰兒一樣天眞的心情，像海綿一樣，準備眞實地吸收像是從外而來其實是從內在湧現的智慧之泉，所以不須要預計想要聽什麼，甚至不須要預計什麼時候結束。大海雖大，飲一滴而知全味，這就是佛法的生命之教，講佛法的人要這樣理解，聽佛法的人更要這樣理解，這是一個生命的交流，最終結果一定是優美純善，一定是溫柔體貼，一定是與人爲善，一定是對社會國家、全世界、全人類，乃至於過去現在未來的一切衆生，充滿了慈悲、悲憫、體諒、放下的美好。所以我常說，一個社會如果能夠讓佛法流入人心，社會國家一定會平穩祥和。自古以來的歷史，都可以看得出來如斯如是、的確如此，尤其漢傳佛教的祖師，所表現出來的風格一直都是如此這般，因爲解脫來自於你的內在，不來自於外在。

有一個公案，一位大德因莫須有的原因被誣賴、毒打，之後被抓進去關了好幾十年。在這幾十年當中，他幾乎一直遭受身心雙重摧殘，後來又因莫名被放出來恢復自由，於是有人問他：

「這幾十年在監獄裡是什麼感覺？」

「我非常害怕。」

「眞的啊？你也會害怕？大師啊！你也害怕？」

「是的。」

「你害怕什麼？害怕死，害怕被送進斷頭臺？」

「不是。」

「那麼你害怕什麼？」

「這十幾年當中，每天都害怕我對打我、關我以及到現在還不放我出去的人，會產生一絲一毫的恨，我最害怕這樣。」

在本質上，和尚的腦袋跟一般人一樣，怎麼思考也是一樣的，身體被打會痛，被抓進去關不自由，通通都一樣，但他擁有絕對能夠控制自己的心——不被仇恨所蒙蔽的自由。什麼樣的哲學、什麼樣的修養，都沒辦法超越這樣的內在光明與自由解脫。我常常想，這麼好的佛法，在恭謹的情況下宣講與聽聞，是可以讓販夫走卒或達官顯貴都得到安詳、自在和輕鬆。

● 內在修練是趣向成功要素

企業的意義，確實是種企圖心的展現，一定程度表現著某種冒險性，既然有冒險性，就顯現出企業本身的不確定性——要賺取利潤，就有一定的風險，畢竟沒有一定會賺錢的生意。不過，在佛法概念下的企業，卻是「狀似冒險而實不冒險」。怎麼說呢？因爲所有的冒險，都來自於你對結果有一定的期待。假設你現在徒步走到火車站，路線清楚，也沒趕時間，可以沿路看風景，這樣對你來說，沒有什麼冒險性，那就走唄，該到的時候就到，實質上沒有冒險。如果說你喜歡花，今天很歡喜去買花的種子，然後時間到了就種下去，等花開，看到生命的成長，好歡喜，如若長不出來、花不開，可能栽植方法錯了，也不會忐忑不安，有道是「有心栽花花不開，無心插柳柳成蔭」；反正做就對了，行事在人成事在天，何必忐忑呢？

之於凡事的結果，即便是凡夫，多少都會留存一些「有點可惜」、「要不這樣」等想法，即便是這樣，你也應該告訴自己，那個是自己多想的，我已在我的能力範圍之內努力了，但還有好多因緣是我不能決定。比如昨天早上開幕式結束，在外面照相，我第一個想到的是會不會有霧霾？結果空氣品質極優，這個不是你能決定的。所以人的一生，不要以爲努力了，就一定覺得怎麼樣、會怎麼樣。

我們解釋enterprise這個字，是種有一定程度的冒險，但我們不能被這個解釋限制了，企業可以是生命志業的一部分。志業，是指你的意志、你生命價值的投入，既然是生命價值的投入，就得用全生命去實踐，但不等於說事業是生命的價值，就得犧牲健康、犧牲家庭，把妻兒家庭擺一邊，然後整天衝事業不顧家；事業固然是你生活的一部分，但也不能排擠生活的其他部分。關於企業是不是一個冒險，在本質上、客觀上，都必須承認確實有一定程度的冒險，比如昨天早上拍合照，不確定空氣品質是否合格，照起來是否OK，這個不是我能力範圍內所能決定的，既然安排好，就努力準備，至於照出來的結果如何，不要忐忑不安，更不要怨天尤人，就等待應有的結果，而且還要耐心而溫柔地等待。

我在《法藏比丘的非思不可》第一集中曾寫道：「不要企圖影響別人，任何人都很難被你影響，你只能把具足改變的條件爲他準備好，然後你在旁邊耐心而溫柔地等待。」當你想要改變一件事情，只能把改變的條件盡己所能努力去具足。倘若你準備好了，又產生很忐忑、緊張、煩惱……，其實你是在頭上安頭。

企業不能排擠你的生活，不能排擠你生命中的自我成長空間。因爲忙，忙到沒機會安心坐在這裡；因爲忙，沒有留下一定時間聽我三個講次的課；因爲忙，沒有時間去聽聞一種豐盛你心靈內涵的佛法……。凡是如此這般，都是可惜的事。因爲心靈內涵會眞正幫助你在未來的一切生活、事業等；如果你把企業的意義，一直擴張廣大到就是你的生命，是某一種思想或理想的投影，或某一種心靈內涵或生命價值的展現，那麼企業將成爲你生活的一部分，而不會影響你的生活，企業將是你成長、茁壯的資糧，而不是壓抑、扭曲你心靈的枷鎖。

我們常說年輕人充滿理想性，中老年之後就沒什麼理想了。因爲中老年變現實，好聽一點叫歷練，難聽一點叫折磨，折磨到他對人生失去了想像的價值以及對超越現實的價值的渴望。古人講，哀莫大於心死，眞是這樣，心死了。社會往前進步，都是因爲我們對於現狀充滿著改造的渴望、對於未來有理想有夢想，當我們說算了，已經冒過險，不想再冒險了，或者過於擔憂冒險的結果，就不會有創新，甚至不會對未來有嚮往，也失去了努力不懈、不計成敗的勇氣。這些本是內心自然而發的人生價值，卻被過度想像成太冒險，導致太擔憂成敗了。

在佛法裡，凡對的事，應該用智慧找對的方法，然後努力去做，不要對結果想太多。當然，在這過程中，一定有經驗足不足而影響結果，進而有所謂對不對、好不好、如不如意的類似結論。因此，你可藉由經驗的累積、知識的理解、方法的學習而予以修正，只修正而不多想，一切的過程就是結果，因爲那是對的事，你努力學著用對的方法。你能做的就只有這些，你不能要求結果，你也不能要求別人一定要怎麼配合。

別人不配合，有兩種可能，一是道義上的不配合，另一種是意義上的不配合。先說道義上的不配合，比如找人投資，眞的是發自善意，而且眞心覺得可做，但他不投資，有兩種原因：一個是我們之間過去的、今生的善緣結得還不夠，信任度還不足。一個是我跟他對事情的看法確實不同；這是個客觀存在的事實，我們沒辦法勉強別人。就是因緣未成熟，你找到或想通了原因，也就放下了。

另一種是意義上的不配合，比如說對方是你的上司或下屬或員工，他沒辦法配合。其中也有幾個原因，一是對方可能對你的管理或制度或其他方面的不理解，甚至不信任。二是你對對方的教育，或者彼此之間的信任，以及過去的成熟度都不足，因而表現出對彼此的信任與尊重都還不夠。這就不是表面制度要怎麼去面對的問題，而是從你內在要去思考人性的問題。

大概二十多年前的臺灣，一位很有名、專門講企業管理的曾仕強先生，他用了很多華人的文化觀念，來教導公司老闆怎麼帶領員工，公司主管如何跟老闆做好溝通。他曾經講過一句很有意思的話：「一切管理都從內心開始，瞭解人心才有所謂的管理，最高的管理就是沒有管理，只有人與人的交往就能成功。」民間有這麼句話：「帶兵要帶心。」帶人也是帶心，無論是師父、家長、上班族、企業主，還是學校老師，都是一樣的，放諸四而皆準。

客觀來講，所謂企業的冒險性，當然一定有，你的投資和努力，不保證成功，這道理若放在一個豁達並瞭解因緣的企業主身上，他只會從內心到制度面盡心學、努力做，剩下的就交給因緣了，這是受過佛法薰陶的人應有的態度——放在生命中的任何時候、任何地方，都適用、都有用。

當然，一定要有自我改造的部分，不可以說我就這樣了，之前一直就這樣做，我只努力按我的方法做了，成不成功就隨緣了。但你忘了，改造自己也是因緣之一，改造別人多數很難，先改造自己，然後漸漸去影響、改造別人，相較容易。這樣的道理，不僅企業家要學，任何人都要學，改造的方法、深度、強度、面向是怎麼樣，不全然由佛法來告訴你，還應該自我再精進，包括學習管理學等相關專業知識，這也是自我改造的一部分。

記得，要把握住這個原則。沒有任何一位企業主、家長或者道場主，他自我的一切都沒有改變，然後就能夠改變週遭的人事物，這很難，非常難。一般來說，即使你有了改變，別人也不一定馬上跟著你改，在佛法上講，整個世界是你心的投影，你的心轉變，你的身心行爲的改變，世界的投影就眞的轉變。換句話說，你的工廠、公司的氛圍，都將因你心的轉變而會慢慢轉變，你要耐心溫柔地等待，轉變總是會發生的。在這裡，要特別提醒注意的是：你改變的幅度要夠大、速率要夠快，不然會被「疑慮」和「不信任」拖垮了你改變的效果。

這都是內在的修練，不是說說就能做得到，它是問題的癥結，怪不得別人，即便最終事業有了問題，甚至你關門重新再來，或者不做而變成領薪水的職員，也不要留下怨恨、埋怨跟遺憾。我說過，生起煩惱時，我們要知道，更要懺悔；即使我改變了，但整件事沒有想像中得順利，最終沒有成功，所以我承認在這件事情上失敗了；事情可以失敗，失敗的原因卻不能模糊，即便下次不玩了，也要知道是什麼原因導致失敗，而我坦承接受這個原因，這樣的生命才圓熟。

努力過後，即便沒有眞正完成，你都能接受自己和這個世界，但你不能阿Q，明明失敗了卻裝作成功，然後說沒事兒，明明很痛了，也說沒事兒，痛就要承認那是痛，但痛又怎麼樣呢？痛在肉上不痛在心上，因爲你知道凡事都有原因，努力還不夠，坦然接受如是的事實。

很多體育界的朋友，努力了四年，參加奧林匹克運動會，最終沒有得到預想的名次，記者採訪，問他感覺如何？他說：「對手確實很優秀，我的努力還不夠，下次有因緣，我會再捲土重來。」或許你會覺得這是一個標準的新聞說法，但人生就是要這樣。你準備好了嗎？

在佛法裡，做任何企業，都具有一定程度的冒險性，我們要客觀地承認，得要有做好失敗的準備，才有資格迎來成功——必須要先有準備好失敗的健康心理跟能力，具備一個夠深度的生命，才有機會迎來成功——當成功的最大心理障礙已經消除了，自然能夠無有恐懼、努力向前。接著我要談「企業的價值」。

● 企業的價值

提到企業的價值，先要說明「獲利動機決定企業的價值」，更要強調「回饋社會以純善必獲其益」。

● 獲利動機決定企業的價值

獲利固然是企業共同的目的，不獲利的企業不能稱之爲好企業，公司不賺錢，消費者就不敢買這家公司的產品，因爲維修沒有保證；要是企業掛了，它生產的手機變孤兒機、車子變成孤兒車，找不到廠商服務與維修，甚至沒有備料可以修。企業獲利是必須的，商業買賣就要照買賣的方式，不要暴利就好，君子愛財取之有道，獲利的動機，往往決定了企業是否受人尊重。這部分，要談「循正義良知獲取合理利潤」和「從人性出發創造整體幸福」。

㈠循正義良知獲取合理利潤

獲利，代表這個企業具體展現它的價值。比如，我的洗衣機賣得很好，可能意味著它安全、省水、洗得乾淨、安靜不吵人，能自動清洗內槽，讓使用者的生活不會爲洗衣物而覺得困擾，還可避免家裡有人因感冒污染衣服而交叉感染，用我洗衣機的人，生活更方便，更能專注在工作上，工作效率也跟著提高了。假設用這樣理念做事業，我這個企業的價值不僅具體表現在洗衣機賺錢的收益上，更顯在它對使用者、對這個社會的實質幫助上。

這樣的企業主，剛開始想像他的洗衣機應該怎麼做的時候，就不該是：我要買一顆既便宜又能夠騙得過消費者的馬達，賣出後的第一年保固期內絕對不會壞，第二年很快就壞，然後就可以賣很多，而應該是：在合理利潤下，希望製造出的洗衣機功能更加完整，來創造這個社會的生產能力，而且正確使用一定年限不會壞；如果這樣想，你對員工所要求的想法也就不一樣了。

記得剛出家時，我有台第四手的豐田速利車，住山時，那台車陪著我進進出出三年，到了要報廢時，那台車前前後後用了二十三年。後來我問修理廠，他們說：「師父，您這台車是骨董車了。」我問日本現在還有沒有做？修理商說：「當然不會做，因爲一不小心把車子做成不會壞，企業就會賠錢。」師父承認企業畢竟不同於慈善事業，企業主沒辦法卯足了勁做出永遠不壞或者說長期不壞的產品，這是企業的現實。可是「君子愛財，取之有道」，所以一定要有合理的使用狀態和年限，這就是心量，就是這個企業能否得到尊重的差別之所在。

師父不是要你製造一個堅固到終究會賠錢的產品，可是也不能過了頭，可使用年限要在一定程度之內，靠的是創新跟善意。講個案例，二十世紀中葉，標準鎢絲燈泡的壽命約一萬個小時，當時包括飛利浦在內的幾個歐美大廠商議，約定不能製造這種壽命太久的鎢絲，因爲這樣的話，企業就要紛紛關門了，要在燈泡裡加些東西，控制鎢絲壽命在幾千或幾百小時以內就掛掉，誰要是做出壽命太久的鎢絲燈泡，誰就要被罰款。於是大家簽約訂好關於鎢絲燈泡壽命的遊戲規則，講難聽一點，好像是他們聯手訂好規則來坑消費者，但消費者也接受這個事實。如果產出一家幾代人都用同一個鎢絲燈泡，企業恐怕得關門大吉了，我們現在用的鎢絲燈泡雖然壽命特別長，但飛利浦生產各種不同的照明程度，能夠滿足不同生產場景、生活用途的照明燈具，這也算是企業的創新與善意。

企業不是慈善事業，但一定程度必須是良心事業。世尊要出家人出家修道，在經上講了相當多男女貪愛、家庭煎熬，或者是束縛人心自由讓你不解脫的佛法，但佛陀從來沒有說你們不能結婚，他說有緣者出家，眞沒緣的還是要好好過你的家庭生活，他沒有強人所難。我今天就以這個原則來說企業，以飛利浦這種概念來講，好像這些人很過分，其實它也要存活，要在一定合理範圍之內讓東西流通、淘汰，才有利潤、才能存活，但這個利潤應該在合理的範圍之內；或者它賺過頭，賺很多了，就應該回饋社會。

要怎麼回饋社會？如果道德勸說，未必是好方法。比如，你用一塊本錢賺了一百塊，我道德勸說「你拿出十塊來捐款吧！」結果勸了半天，你捐兩塊錢，我好像還得謝謝你，這樣子，貧富差距可能會越來越大，社會就會不安全。因爲用很少的成本，賺很高的利潤，財富就一直累積在特定人或特定企業上，世間財富在一定時間之內是固定的，特定人或特定企業累積過多，就意味著有人會消失過多，社會就越來越不安穩，這樣不好。所以國家就必須制定法令，用稅收等方法來平衡貧富差距，而不是用道德勸說，因此一個國家稅收制度的公不公平、合不合理，至少表現出這個國家對待整個社會的公平與用心。

要企業受人尊重，不能潔癖到要求它像慈善事業來經營，我是出家人，也不會要求企業家一定要這樣做，就像佛陀不會要求「你來出家，不要結婚！」但極樂世界就不同了，極樂世界是思食食至，思衣衣至——想吃東西，東西就會現前，想穿衣服，衣服就會現前，居住也好，使用度也好，都是極樂世界阿彌陀佛大願力所造就，那裡名爲極樂，你可以專心修你的心靈，沒有那些世俗的、利益的運作。但在人間沒辦法，人間的每一分生活資具都得自己去努力，從原始人爲了吃一片樹葉一片果菜，都要自己採，哪怕葷食也要自己去獵豬射羊，得先用石頭磨箭再去射，直至今天人類用槍等各種捕捉方法，都得努力。

這是因爲我們的業力所感、福報不足，我們得承認這個事實以及發展企業就要有營利的必需性。因爲不論是企業員工、負責人，或者是公職人員，他們的收入、薪水，都是由企業繳稅而來，這樣看來，哪一件事情不跟企業有關？

做爲企業負責人，當然要計算營運成本，扣除成本後的毛利、淨利該抓多少，業界是多少你就抓多少，如果你感覺多了，那你可以啟動自己的良心，做適度的調整。企業受不受人尊重，就在利潤跟大家一樣，還願意把東西做得更好，還願意多付出、多捐錢給社會，這樣就會贏得社會的尊重。

那有沒有一種企業，就是爲慈善事業而存在的？有，我會提供一個模型供大家參考。這家公司已經運行了，公司創立的緣起及現在的營運模式，稍後會詳細介紹。這家企業的存在，是以企業的方式來展現一種世間純善的行爲。我並不是把一個企業的受不受尊重、社會上的重不重要，無限上綱稱爲「慈善事業」，而是反過來，也可以藉由企業方法去推行慈善事業，這是兩條不同的思維。

現在還有所謂的「紅頂商人」，他們一直想如何結合政治上的力量、商業上的利益，以特權方式集中積累財富，這會造成社會不安；自古以來，在任何一個國家、任何一種政治體制，都會有這樣的商人，佛法的功能就在於穿透、展現並剝離這人性的貪婪面貌，爲人類展現出一種全新且可行的企業概念與作法。

㈡從人性出發創造整體幸福

員工是否自發同心、自感幸福、企業是否可以長遠發展？決定於企業本身，主要還是源於企業主內心的動機。臺灣《天下雜誌》曾做過一項調查，要選臺灣的幸福企業，它提出一些標準，由企業員工勾選，我看到所謂以幸福留才的企業福利制度，包括：員工生小孩可給育嬰留職停薪假、每生一胎有生育補助等等；社會上常出現的負面評價在這些友善企業都沒有，我注意到這些都是大公司，我想並不是所有的公司都有能耐這樣做。但是企業主可以同心，就是讓員工體會到：「我一時享受不到那麼好的福利，可是我知道老闆很大量，公司目前規模還小點，大家能體諒。」是啊，並不是所有人都能進大公司，同心更重要，只有同心了才有幸福感，幸福感並不是以公司規模的大小來衡量的。

《天下雜誌》的調查還提到，二十人以內的公司，幸福度比較高，這讓編輯感到意外，因爲他們認爲「應該是福利制度比較完整的，幸福度會比較高」，一般小公司還沒上軌道，或者說福利制度還沒很完整，居然也覺得很幸福，進一步瞭解發現，原來是企業主對產品的價值充滿熱情，進而感染員工。比如說我最近訪問一個做杯子的小團隊，這個團隊十個人以內，每位都是三十歲上下的年輕人，穿著新潮，神采飛揚，洋溢熱情，好像眼睛都在放光。先說這個杯子——物聯杯，用了美學設計、IT設計、礦物材質研究，還有窯燒溫度控制等專業技術，動用多種科技，只爲做一個杯子；這個杯子與手機APP相連，可以隨時計算統計告訴你飲用何種液體和數量。這個團隊成員都很嗨，因爲他們覺得這個東西太時尚、太新潮，由內而外地展現著同心感跟幸福感。

傳統產業也一樣，需要用心，用心來自哪裡？其實就是NOKIA「科技來自人性」這句話。一個具有佛教素養的企業家，要從人性的需要來考慮，如果是電梯生產商，要知道安全最重要，不能夾手夾腳、不能摔、不能震動，有好的安全剎車機制，萬一繩子斷了會自動剎車，非常安全，這就照顧到人性的需求；當你做到了，即使得多花些成本，得多費心去說服買家，銷售量或許一時之間沒有明顯增長，但員工會知道公司的良心，就會出現同心感，幸福感也增長了。

一個有善心素養的企業主，或許不是立刻賺大錢，但他一定會累積最好的因果在自己和員工的身上。這時候，員工會主動跟業主講說，我們的電梯貴了些，可是值得，雖不保證業主一定用我們的電梯，可是員工抬頭挺胸出去講，那種生命感是豐足的。做爲企業主必須帶入同心的觀念，那麼古來講奸商這個「奸」字就不存在了，商人其實是這個社會前進的推動者，而不是奸詐的壓榨者。

佛法首先承認企業獲利的必需性，接著要說幸福及同心是來自於合理利潤之下多一份的人性關懷。物聯杯也是種人性關懷，因爲西方醫學採計量，醫生會記錄病人每日飲水量及排泄量，所以這家公司研發這種杯子，也是來自於人性關懷，公司累積並散發這種人性關懷的氛圍，就會贏得人家的尊重和期待。

同樣的道理，我們做任何產業，哪怕像造紙的傳統產業，也要注意到怎麼在製程減少污染。臺灣有家造紙公司，紙的來源是廢棄的石頭，所以叫石頭紙，產品已經賣到全世界，中國大陸也有廠商跟他合作。有一回，記者問說：「爲什麼這麼火紅？」他說：「火紅是火紅，但是搞得都差點倒閉，研發好費勁。」記者又問：「當時要倒閉了，你把太太娘家的財產全部投下去了，怎麼那麼大膽？」他談到研發的過程，並說學生時代參加環保團體，曾經去政府機關抗議政府濫伐砍樹，結果現在因緣際會，要做砍樹的事業，實在對不起良心，所以就一直研究好的替代方案，結果找到了石頭，石頭紙的環保意義非常好，現在歐洲大量的買。這樣一個來自企業主對內在良知的堅持，結果就創造了不得的產值。

佛法常講，一份善心一分收穫。我對「奸商」兩個字一直有意見，商不一定要奸。誰會說石頭紙的企業主是奸商呢？我反倒覺得商人可以是人間最優美的一群人，他在利潤當中，保持著正義跟人類的良知，最爲不易，最爲人所尊重。佛陀說人性本善，一切眾生皆有佛性。有些長老、法師常笑我說：「哎喲！法藏法師啊！你眞的是無可救藥的樂觀主義。」其實我也不是眞那麼樂觀，而是覺得都已經這麼辛苦生活了，還不樂觀不就完了？

我覺得商人是值得尊敬的一群人，在利字當頭的時候，仍然保持並做到「正義的清醒」，真是值得尊重。

●回饋社會以純善必獲其益

受尊重的企業，因果會護著他；世間絕對有因果，但不會立刻就受報。做好事未必有人鼓掌，因爲有人會懷疑，多數會從「會不會成功」的結果論來看，不會從「該不該做」的本質論來想，所以需要資金時人家不一定會投。但你可以投資自己，用堅持相信因果、相信良知、相信爲商可以不奸……來投資自己。

人類生活完全離不開企業，如果我們認命地說，企業就是奸商所成，那這個世界怎麼過？要改變這個世界，師父佔一部分責任，在座諸位也絕對有機會。你說我是「不可救藥的理想主義者」，人類的進步不就是理想主義有以致之？擘畫理想、邁向理想的過程，即使不會有人鼓掌，即使冷言冷語者多，即使離你而去者可能更多；但不會離開你的，是你內心的信仰。它跟佛陀不佛陀沒有直接關係，跟念不念阿彌陀佛也沒有直接關係，而是一個純善的內心價值——發自正念因果、正向力量的信仰，最終會展現力量並回饋社會，於是你成就了一個受人尊敬的企業，無論員工多少，都可以這樣做，這就是企業價值的體現。

第四章

企業經營與企業家

企業經營與企業家

企業的經營模式，是企業家生命價值的投影。企業的理想模式有一定的標準，這是好多 MBA 教授研究、比對、累積了各種企業的成敗跟操作模式後，所發展出來的準則，但它不是一成不變的，不能純粹只爲了企業獲利的單一因素，必須具備一定程度的靈活度跟人性面。

企業家的生命價值之投影

所謂企業家，我覺得有兩個重要元素，一定要提，那就是「植基於人性關懷創造價值」、「不扭曲人性獲取短暫利益」。現在依先後順序簡要說明。

●植基於人性關懷創造價值

有些臺灣企業家，不論在海外或在臺灣，他們會結合成爲一個小團體。師父也認識一些企業家，有時候邀約相聚，會跟他們聊聊最近做些什麼、做什麼投資，他們有相互投資的關係，很像朋友，不是在談利益，也不用灌酒來請人投資……。他們關心彼此的家庭、彼此的爸爸媽媽，彼此的退休生活怎麼安排，什麼時候去師父那兒共修？偶爾才會提一下，最近有個投資案是這樣那樣，也不怕師父聽到，因爲是很健康的投資。他們已經開始著想，我的錢可以做怎麼樣的投資？即便不賺錢，我們一起來做，因爲它可以做也應該爲社會做，他們這樣談著；本業已經很成功，收入也固定了之後，他們後來的投資已經不完全在想賺不賺錢，想的是對這個社會必不必要。有人說：「師父跟我們講的，捐款都在捐了，何況做這個事對社會有意義，賠錢也無所謂，當做捐款。」他們這麼聊著，我就會說：「對啊！這事情該去做了，那就好好做。」

好的經營模式，當然是爲了保證一個合理、效率、透明、財務穩定，以及投資獲利而存在的。怎麼做生意，怎麼推出產品，怎麼跟人家訂約，這些就是模式；怎麼管理內部，怎麼企業聯盟，或者小企業怎麼推廣產品，在網路或在哪裡做推廣，有各種模式。可是，模式始終來自於人性，人性植基於生命價值：你只是唯利是圖，還是帶有理想？你賣的東西是會傷害別人乃至於傷害眾生，還是問心無愧？生產的過程是過度壓縮你週邊廠商的利潤，然後集中利益在你這邊，還是你願意思考讓彼此都能分得利益？你願意在某種生意上少一分利益，轉分給你週邊的廠商或者給你的員工利益？甚至因體驗到大家生活不容易、競爭很激烈，老闆少一分獲利多一分給員工，讓員工覺得幸福與安全，你願意嗎？這就是公司經營理念的轉變，進而改變整個制度。經過一些佛法課程修養之後的企業家，會展現出不同的生命態度——不會唯我獨尊、能夠稍微停下來顧慮到別人，即便才一點點。一般員工要求的都不多，他要的是那份關懷的感覺，他甚至比老闆還知道公司的困難，一旦擁有老闆、主管的關心、用心與體貼，他就會銘感於內，爲公司爲企業衝鋒陷陣。當然我們的眞正目的不是爲了這個，而是爲了付出人性的關懷，這就是生命的價值。至於具體是什麼樣的模式或制度，師父外行不懂，可是我堅信，我們內在的那份心可以感動人。

帶兵要帶心，帶員工也是帶心，這是生命價值。爲什麼是？生命價值在於能夠分享，在於自己有能力且願意幫助能力稍低的人；在於自己內心有爲衆生著想的那份善念，這是生命價值。從承認自己有私心，到願意分享自己的所得給他人，願意將自己獲取的利益分一部份在公共利益上，而不是純爲私利計算。

●不扭曲人性獲取短暫利益

臺灣發生過造假油事件，被告到法院出庭時合掌說：「我都做善事，爲什麼還這樣？」這是哪門子因果？做善事不保證做壞事不被抓。因果是分開算，捐錢難道就買了免死券嗎？捐錢有捐錢的因果，做壞事有做壞事的因果，兩不相抵。

臺灣那個賣假油的，假裝用黃豆原料製造，是欺騙的行爲，更何況當中還有包括官商的利益輸送，違背了社會正義。他所謂的投資臺灣，自己沒拿半毛錢，他去拗政府，政府再去拗銀行團，銀行團貸款，再以的他名義投資，他只花一點點錢去貸款，簡直就是超貸，這些都是社會的不公不義。就是一個貪字，而且無盡的貪，這樣就眞的被中國古人說中了，叫奸商。他還買了很多土地，幾乎都用小小的成本賺大大的暴利，超出比例太多，動輒幾十倍幾百倍。富了自己苦了多數的窮人，這樣子賺這些錢會安心嗎？不安心！

這就講到生命價值，他從沒上過這種課。也許你沒賺那麼多錢，不是那麼叱吒風雲，可是到你臨終或者你老了要交棒時，會覺得滿身輕鬆、很舒爽。想想看，再怎麼有錢吃一頓飯，左手可以拿起兩個碗嗎？左手拿個碗，右手雙筷子而已；再怎麼有錢，晚上睡覺能一次睡兩張床，半夜再換另外一張床嗎？再怎麼有錢也不過睡一張床；最後死了，能多睡一個棺材嗎？兒孫爲了造風水多買一點墓地，能爬起來享受嗎？墓地比較大，你死後比較有空間做體操嗎？死後就是一坯土，什麼家財萬貫，怎樣風雲叱吒，什麼政商關係，統統歸零。但在這過程中，犧牲了多少人性的尊嚴？害了更多的家庭貧窮，你要這些幹什麼？這個道理，小學五年級就想得通，不用和尚來教，可是利慾薰心讓你模糊掉了，倒錯、扭曲了你的生命價值，你原來的本性其實都是光明的。

剛講這些，並不是用恨意來講那個企業，而是舉例說明，要做好企業，不能只教怎麼賺錢、只教做生意的模式，沒教怎麼過活，沒教怎麼做人，沒教怎麼快樂跟幸福。當然現在有些改變了，有相當多的企業主直接裸捐，他們學比爾．蓋茲裸捐，並到法院公證他名下財產全部裸捐做公益，這樣就不能作假了。

應建立良善的人生價值觀

接著要講應建立良善的人生價值觀這個主題，我先說「認知緣起因果努力而隨緣」，再談「更修善心召感當來善因緣」。

●認知緣起因果努力而隨緣

什麼是人生價值？依照緣起因果觀，亦即努力在人，成事在緣。努力之後就隨緣，努力在人，人可以努力，無論你的員工、產品、研發、銷售，以及你的各種關係，這些都是你可以努力的人事物，但成事在緣，這就是因緣觀。那如果不成，一樣的努力，別人很成功，我就是不成功，那還有過去世的因緣，是三世的因果有以致之，不是一世的因果而已。

同學們一起在學校上課讀書，老師講的一樣，大家坐在下面一同聽課，結果有人考高分，有人考不好，那有什麼差別？有過去世的賢愚聰慧、智商高低、專心不專心，身體狀況好不好，都會影響考試成績，不能單憑個人的努力就能決定，你很努力，不過別人程度比你高；每次都是他約你去打球，打完球你累個半死，結果他回去偷偷Ｋ書，沒辦法，他體力比你好，誰叫你小時候媽媽叫你吃飯你都吃冰，現在身體不好，輸給人家，有什麼好說、好怨的？

同樣的努力未必有同樣的結果，實際上不會是「同樣努力就會有同樣結果」的機械因果論。我們講的因果觀，不是機械式的，是要有很多的緣一起配合的，你想成功，不是單一個人主觀的努力就能成功；雖說如果沒有單一主觀的努力，絕對不會成功，可是你單一主觀的努力了，還有好多緣是你沒辦法具足的啊！那能怎麼樣？有辦法，修善心去召感，這還是不離緣起的。

●更修善心召感當來善因緣

因為善讓人放下，因為善為人好，讓別人感覺到樂意跟你在一起，感覺到在你這邊很幸福，即使少賺我也樂意。人要賺錢，無非就是想得到幸福，人要有地位，無非就是求得尊重；你的員工只是沒有資本投資做老闆，所以他領你的薪水做員工，但在人性上，他渴求幸福、渴求尊重、渴求一個合理地對待，是一樣的。在企業組織當中，總要有領頭的人，投資者一定程度上是領頭的人；現在企業漸漸大了，投資者不一定是領頭的人，投資者是擁有者，領頭的是執行長、總經理。你只是因投資而成為擁有者，你的員工在本質上沒有比你低，他渴望的東西跟你我都一樣，所以要一定程度的將心比心，這就是緣起因果觀。

你怎麼樣給他，他就怎麼樣回應於你，這就是投影。你眞心對待員工，員工就會爲你打拚業務，而不是跑去咖啡廳睡大頭覺。你說：「可是，師父，我眞心對待那個員工，但那個員工出賣我，把我客戶全拉光。」有，我承認會有這種情況發生的，但你要知道，眞心不會召感假意，爲什麼你的眞心卻會得到這個結果？是因爲有過去世的因緣果。因緣觀不是一世的，他這樣做，自有他的因果，你善意對他，他惡意對你，有他的惡果要受。你不用去恨去怨，更不應因而關掉你的善心之門，反而要用更大的善來對待這個世間，因爲你曾經在過去世用不善對待過他，他現在惡向膽邊生，用惡來對待你，這是業力所感。今天他用惡，還是有惡報，雖然你受那個惡是過去的惡因所致，現在報掉了、業消了，你會一直越來越坦蕩，你做的，週邊的人都在看。再者，衆生可能有黑暗面，所以在管理上要有完整的考核，一定程度的公平性，是一定得做的。

佛門裡有時不用要求那麼多，因爲大家都是修道人，出門一襲衣一雙鞋、固定的三衣缽，沒有太多需求，所以彼此之間沒有這些考核，但有互相要求精進、不能犯戒、不能懈怠的義務，這是基於彼此的道誼相感跟善意提醒，而非不信任。至於企業，面對各種不同個性的員工，有自動自發、認眞負責的，也有個性不成熟、做起事來馬馬虎虎的，所以需要設計一套完善的制度，做一定程度的管理與規範，這也是一種緣起因果觀。

什麼是緣起？簡單說，就是「由種種因緣而生起一個結果」，這不是單因單緣可成。世間都有因果的，由因到果要有緣的完成，緣其實就是遠因，疏遠之因，我們給它一個名稱叫作緣；近因我們給它一個名稱叫作強因。簡單講，近因加遠因整合成爲一個果。講個比喻，我一顆種子，擺在這兒，等一百年也等不出長出植物來，爲什麼？雖然有這顆種子的近因，可是沒有那個遠因，我必須把它放在濕潤的泥土裡，然後澆水、陽光日照，溫濕適中，才會開始發芽。所以單因強因也不一定完全能成果，還要有適當的緣，像是陽光、空氣和水。那週遭來的各種緣，有時你也決定不了，除非自己去造，澆水還可以，太陽溫度就很難了。有時你得等待，有些眞的不是你能做的，但你一樣能召感，因爲你的召感會有福報。好比，你種菜他也種菜，同樣同時種在同一處，可奇怪了，怎麼他的遭蟲咬而你的不遭蟲？因爲他和你曾經跟蟲子的好壞關係是不同的。

我們的寺院在楠西，楠西有個老太太，有時寺院來人稍多菜不夠，去她的田裡跟她買，她說：「到我田裡拔菜吧！拔一拔再來算。」是現拔的生鮮蔬果啊！結果去了一看，哪裡有菜？她說：「有啊！那不就是嗎？」仔細看，她在雜草堆當中種菜，不除草的。我們就問阿婆：

「你怎麼這樣種？」她說：「這些草是給蟲吃的，我跟蟲子說好了：『吃草啊！不要吃我的菜，我要過活。』然後另外一區的菜都不拔，她說這兒不夠蟲吃的話，這一區給蟲吃。」情況怎麼樣？她說：「很好啊！你們看我的菜都還好好的、很漂亮。」仔細看，那些蟲都爬在雜樹雜草上，剝開看菜圃的菜漂亮得很。眾生皆有佛性，真的不要小看，你太輕忽太忙碌於自己的事，沒感受到眾生的體貼，那些蟲很體貼的，阿婆學佛，她不懂得什麼多大多深的道理，可是恰恰她就相信眾生皆有佛性，然後身體力行。

懺雲老和尚是臺灣非常有名的長老，已經圓寂了。我做過他的侍者，有次我輪植，到懺公和尚的寮房，明明覺得屋子裡沒人，他怎麼在講話呢？他講話像爺爺跟孫子講話一樣：「欸！叫你不要來，怎麼還來？怎麼那麼頑皮呢？小心一點啊！不都跟你講好多次了啊！」就這樣，好像跟孫子講話，我想奇怪，屋子裡沒其他人，怎麼會這樣？我叩門，懺公說：「進來。」我進去：「師父，您剛跟誰講話？」懺公說：「喔！牠。」一隻蟑螂，懺公在跟一隻蟑螂聊天：「叫你不要來嘛！怎麼不聽話呢？」我問：「您怎麼這樣跟牠講？」他說：「牠也是這裡的常住啊！常常來看我，叫牠這個時候不要來了，會被踩到。」這是種天眞的心、溫暖的心。當然啦！我不能要求企業家變成這樣，如果你像懺公這樣對蟑螂說話，週邊的人看到了也會嚇一大跳，心想老闆怎麼了。我要說的是，衆生的因緣果，從因到緣到果，這中間是需要一些善心召感，有善心就會有善緣。

我創設公司的理念是，希望做出對世間有好處的產品，不妨害環境又能對人體健康幫助。我是和尚，不曉得產品在哪兒，又沒有工廠，怎麼去做？我只是給個概念，說要販賣對人類有幫助、對環境有保護的產品，就請居士去找，後來有二、三十樣這樣產品，都莫名其妙跑出來，人家一聽到公司的理念就被感動了，製造的廠商說：「這樣的善事都在做了，我的產品要給你全球代理。」

有一種日本人要到臺灣買的農產品，叫作香檬，是一種臺灣原生種的檸檬，維他命C的含量是世界上檸檬類最高的。日本在那霸島種的香檬，品質非常好，但臺灣這種香檬的維他命C含量是日本的四倍，於是一群日本人來臺灣，到屏東要全買。老農夫說：「哪能全買？你有錢我也不賣。」他後來研發出現在的產品，胖的人吃了會瘦，瘦的人吃了會自然豐腴，對身體可以預防疾病，促進消化，新陳代謝也有效。原生種最適合在地的生長環境，自然防蟲不用再灑農藥，它不在乎蟲，也沒有什麼蟲害，而且不需要再加什麼營養成份；如果要給一般人出門帶著吃，可以製成錠狀，攜帶方便。

後來他把香檬錠代理權給我們的公司，他還說：「你就先拿去，全世界代理就交給你了。其他家想要代理，拿好多錢捧在手上來跟我談，我都不給，他們那些人腦滿腸肥，我就不想給，你們公司沒問題。師父說這個理論太好了，全給你們賣。」公司都還沒生產產品，也不知道怎麼銷售，他就把代理權全部交給公司。一般人當然要知道你有賣東西的多少能耐，不然東西給你，要是賣不出去，還能賺什麼？他不是，他也沒等你試賣就全部給你任理。爲什麼能這樣？這不是談生意談來的，這是感動來的，這就是因緣果，是召感的。

找原生種是因爲不用再經過培育、基因轉殖。基因轉殖不好，我覺得大陸不隨便開放基因轉殖，是對的，大陸地大，萬一基因轉殖有問題，一發不可收拾。臺灣也有這種警覺，政府慢慢也注意了，但人民動作快，常常跑在政府前面。

你住在哪兒，哪兒的山河大地跟你的關係，植物最清楚，所以在你住的山河大地裡長成的植物，能夠對應並給你很好的營養和防護機制，對人體健康最爲有利。好比，愛斯基摩人吃魚，沒植物沒纖維質可吃，還是活得好好的，換作我們華人試看看，學他們這樣子吃魚，蔬菜都不吃，結果很容易得病的；植物、動物和人類的生命樣態都會因地因時而調整，這說明了吃在地食物的重要性。

原生種不用基因轉殖，生命力特強，對於當地人又有很大的幫助，不妨礙環境，又能把基本上是廢物的東西再加工利用。非人爲種植的才叫原生種，幾乎都是廢物，或者拿來作綠肥，綠肥就是被拿來攪碎在土地上當作肥料，根本不被當作農產品。滿州黑豆曾經也是原生種，被拿來作綠肥，現在已經拿來加工、生產包括醬油在內的一系列產品。像這些原生種，我們公司之前都不知道的，但是它的因緣召感，自然而然就出現了，你眞的不知道爲什麼。

要相信佛法不可思議，善念有最大的影響力、最大的召集力，不停地對人間發出善念、對衆生發出善念，相信你的企業將會出現很多很好的貴人。

認清生命本質與存在意義

前面提到建立良善的人生價値觀，追本溯源在於認清生命本質與存在意義，這個主題，分別要講的是「衆生皆有我執與佛性」、「願與衆生皆共成佛道」。

眾生皆有我執與佛性

員工與企業主，本質上是平等，但在工作上不平等；對老闆交代的事情，員工說：「我們要討論一下，沒有我同意你不能這樣下達命令。」這樣子的話，事情都不能辦了。我講的本質，是說大家內在人性的渴望是一樣的，但在體制、責任和實務操作上，當然不能錯亂，應該有明確的制度和規章要遵行的。我試著從「以尊重與體恤融入管理制度」、「以人類的善性平衡人我自私」這兩個層面來剖析。

以尊重與體恤融入管理制度

眾生皆有我執與佛性。因爲有我執，所以他需要被尊重，需要擁有私人的空間、財富或隱私，這一點老闆不能介入。所謂「人有旦夕禍福、天有不測風雲」，他應該擁有一個對未來安全的保證，老闆應該給他一定程度的保障，比如，萬一在工作的時間、場所發生意外或死亡，可以得到補償和善後。這只是一個合乎人性上我執所需要的保證而已，我們如此，員工當然也是如此；若你做爲比較有寬宏心量的老闆，照顧到他的未來，一定能感動你的員工。

佛性就是善面。員工一樣有善的那一面，我執有時而窮，經過修行之後我執就會降低，乃至於最後成佛沒有了。當佛性越修越多、越修越強大時，你的員工在你善的感召之下，他的我執會減少，善性會增加。在管理上，應該容許員工有一段學習期——短期內的不成長跟沒有進步，甚至於犯一定程度的過失和錯誤，而不會斬釘截鐵不給增強、修正的機會。當然，有些眞的不適合的員工，那就得割愛，即使如此，也應保留對員工的信任感，也許他在你這裡的確不適合，但不代表他到別處就都不行。你在家裡對待兒女夫妻之間的關係，也應該保留這佛性的空間給彼此，因爲兒女妻子有善的那一面。重點在於，我們有沒有把善表現出來，去影響他、感染他，這要反求諸己，而非一味要求別人。

作爲社會的中堅份子，能夠反求諸己，是很重要的。有位大陸企業家跟我聊到，當年送女兒到美國留學，辦手續時曾出現小麻煩；申請到美國就學，需要I20簽證，一時之間不容易辦出來，美國方面沒給I20，於是他跟配合的美籍廠商要了張員工聘僱證明，用女兒去當員工的名義辦理簽證，順利去了美國。這家美籍廠商「居然」叫他女兒一定要去公司上班做事，至少兩天。

他覺得沒必要，因爲海關都過了，就免啦。我跟他說：「誠信很重要，對國家的誠信也很重要，商人如果失去了誠信，今後什麼都走不過去。你女兒不是去那裡做員工，是去讀書，可是明明就不是用讀書簽證，不要說她會被抽查，查到會被罰款，甚至於以後會被禁止入境一段時間。你的朋友已經做了一個欺騙政府的事，因爲他根本沒有眞正請這位員工，對吧？你的女兒其實是去讀語言學校，他已經做了很大的讓步。他說好歹去上個兩天班、照個相，算有了交代，因爲不保證員工不辭職，他好跟政府講她辭職了，工作不適應所以辭職，這樣好歹保護了公司，也保護了你的女兒。」這位老闆聽懂了，也就釋懷了。

這就是東西方文化上的稍微不同，華人文化裡講人情，就賣個人情給我吧。我們本來就是做生意，互給人情，我也給你賺不少錢，你應該還我這條人情。關於這一點，西方人的想法，還蠻符合佛法的，也就是因果分開算，我跟你的人情，可以在生意上做更好的產品給你，或幫你賣更好的產品、賣掉更多的量，來還你人情，但不等於我為了你女兒的事跟政府說謊，這是兩碼子因果。何況這麼做的後果，可能招來更大的麻煩、更嚴重的問題，比如因而被政府徹底查帳或查封，或者今後我應聘的員工要來上班時，公司的簽證都下不來，屆時的損失可能超過預期，這是就事論事的談。就因果來說，這是兩件分開的事，但在華人文化裡，有時就會混淆了，就像我們日常講的「情理法」，把情放在最前面，法放在最後面，只講你好我好就搞定了。這就是我執跟佛性之間的差異。

● 以人類的善性平衡人我自私

就商業行為，我們承認自私的存在，但在一定情況下，應該要以人類的善性來平衡。談商業，在合理範圍內給自己利潤跟好處，這可理解，但要注意「方便有限度、利潤要合理」，在佛性上不能忘記平等的本質。總之，佛法談商業、談企業，不是要你無限上綱到聖性，而是要你「懂得平衡」，我想只要你「懂得平衡」，你企業的未來發展就能夠走得更長遠、更有規模。

●願與衆生皆共成佛道

這是師父我最大的願望，想從「應深刻賦予企業存在意義」、「隨企業主心靈成長而變化」，以及「思惟企業對社會有何價值」等三個角度，來跟大家分享。

•應深刻賦予企業存在意義

我的企業有沒有存在的意義？有的根本不叫企業，而是個假公司，虛假的假，是爲了吸金而設立的，根本沒有產品也沒有服務，這在任何一個國家都不容許的，當然沒有存在的意義。另外一種情況是，你生產的產品過去你認爲沒問題，現在覺得有問題了，就像之前我說的那位居士，他想賣酒，在社會上沒有問題，對一般人也沒有問題，但他是個佛教徒，於是受到自己良心的質問，後來覺得賣酒不對、沒意義，就不做了，佛法就是在看似沒道理當中找到道理。

以前我服義務兵役，那個年代義務役的訓練還蠻兇的，很累。尤其我們這種大專兵，讀書人出身，訓練被操得很厲害。剛入伍，到門口，就被那個士官長命令：「趴下！」他有鄉音，一下子聽不懂，他就一腳踹我背包說：「天兵啊！不懂啊？趴下啦！用爬得爬進去！」後來我們就講一句話：「合理的要求是訓練，不合理的要求是磨練。」因爲任何的業障現前，都在看似不合理的地方出現。師父要磨練你，不會給你好言相勸，可能是用惡言惡相，這就是「不合理是一種磨練」，當我們遇到了，能這樣想準沒錯；但你對員工可千萬不能這樣。

● 隨企業主心靈成長而變化

企業價值存不存在，標準會隨著你心靈的成長而有所不同。講到戒律，那位居士還做了第二個本業之外的「跨刀相助」。大陸同臺灣一樣，都有放骨灰罈的塔，這位居士被要求在一家做這種生意的公司掛名總經理，但菩薩戒裡有這麼一條：「不肆意販賣棺材板木。」修學菩薩行的人不賣喪葬品，因爲靠這個過活，看到人死了就想到生意來了，沒慈悲心也沒有對亡者有敬意；在臺灣眞有這樣的狀況，因爲生意競爭，甚至還搶屍體，所以菩薩戒有這一條。他又問：「我怎麼這麼倒楣，還被弄去做那個寶塔，要怎麼辦？」我說：「這一條師父替你解決，你可以做。」因爲就菩薩戒的本意，是阻止你不要見有死人心就歡喜有錢賺，甚至藉機敲竹槓，還有不尊重亡者乃至於死亡這件事。你沒死過，不知道整個善理死亡的流程怎樣，你家裡即使有人往生，也不過幾位，常常是阿公往生你爹娘處理，你沒經驗過，或者不曉得怎麼辦，當人家說一個棺材多少就多少、火化多少就多少，棺材裡頭該放什麼，你也搞不清楚，結果放一樣多一樣錢、放兩樣多兩樣錢，弄了半天就是有人敲竹槓，變得完全是商業操作，完全是講排場，要請幾位師父多少錢，要怎麼樣的告別式多少錢，都排下來了。說好，就是你還沒死之前把你身後事安排好；說不好，他們就是行禮如儀，沒有宗教的感化、缺乏生命的內涵，只是用世俗化的方式完成，甚至還有敲竹槓的心——好多附加費用，死個人要新臺幣二、三十萬元，不必這樣的。

「你去接，沒關係，只要你不違背菩薩戒制的精神，就可以。」我說，有緣的話，來買生前契約（活著的時候先買身後事）的人，你跟公司協商一下，能省則省，不需要的就儘量減少，接著定期寄光碟給他，不論裡頭是講佛法，或講基督教義、天主教教義，或者講生命生死之學的都可以，主要看他信什麼教，就寄什麼給他，每個月寄一片光碟給他。提醒他無常臨到了，對自己的生命要注意，對自己的生死要考慮，因爲他都會在活著的時候爲自己的身軀買預備死亡之後的事，何不同時爲自己妥適安排面對死亡之後的心靈歸宿呢？你這樣做，站在佛法的觀點，就是在度化他，即使他不學佛的，也可以把師父的開示錄音光碟寄給他。他不聽，擺到一旁，也沒關係，因爲總有一天他會看到。開示錄音光碟中，一定有一部分會講到了人死就佛教是怎麼處理，怎麼助念往生？怎麼入殮？爲什麼不能動？爲什麼要用火化等等，我們都會說清楚，那他就會完全清楚做兒女的，要怎麼樣面對父母的死亡，親人死亡的時候，心情要怎麼樣放下，你做這樣的事，就不會犯菩薩戒所制的「戒」了。

● 思惟企業對社會有何價值

在法律上，企業有可做跟不可做的事，當你賦予它更深刻的意義，你的企業就更顯意義。想一想，你的企業對社會有什麼價值？哪怕賣菜都有價值，我的菜讓人家吃得健康，又不傷害環境，就在做善事，賺我該有的利潤，問心無愧。我做電梯，安全無聲，不會突然間運轉失常，有遠端系統管理，就是做善事，賺我合理的利潤，這也可以。這就是企業存在的意義，需要去理解和實踐。

接著，我還要給大家一個思維：「一切法無自性」，也就是說，沒有一樣東西在本質上有它絕對的自性，因此也沒有一個企業在本質上說優或不優，單就人間事上來講，有需不需要的差別，但它不是本質上對應可或不可的事情。我印象最深刻的事情是，早期臺灣電腦IT跟硬體產業非常蓬勃，絕大多數做代工，幾乎很少經營自己的品牌，所以想出了好多種很奇特的運用，眞的很厲害，但後來能夠留存下來利用的程式或硬體不多，存活率不到一成。

那淘汰的九個都沒價值嗎？不能這麼說，沒有那九個，就支撐不出最後成功的這一個。那九個看似倒楣，可是在人間的發展歷程，眞的有人會變成炮灰，這個做炮灰的對人間沒價值嗎？有，他奮鬥跟努力的過程就是價值，這份心成就了他的生命經驗。最終他的產品被更高層次或更實用的東西所取代，這不是他的能力所及或因緣所致，或許他沒能賺到錢，但他生命本質是有價值的。我要提醒就是，佛法看待事情的成與不成、好不與好、對與不對，都不會那麼表面、單一，大乘思惟的佛法很深刻，本質在於是否「爲一切衆生」。

在千百劫以前，佛陀家族將摩揭陀國一個魚池的水全部放光，把魚全部活撈殺了，那時釋迦佛還小，他敲了魚王的頭三下，後來成佛了，頭痛了三天。這些魚後來投胎變成強大摩揭陀國的軍隊，那魚王變成國王，然後要進攻、滅掉釋迦佛的國，佛陀沒有高唱放棄武力，也沒有高唱世界和平，他知道緣起如此，會有果報，但還是要努力阻止戰爭，他不用口號，用實際行動，坐在路邊擋住軍隊。那時他已經是「國際」有名的聖者了，就坐在一棵枯萎的樹下等著擋住軍隊，人家不能不顧慮到他的存在。「佛陀啊！您怎麼坐在這棵枯萎的樹下？」佛陀說：「我將要失去我的國，就像我現在坐在這裡，失去了樹木的庇蔭一樣。」那國王一聽：「我知道你在說什麼，算了！回去，不打了。」

又撐了兩年，不打不行，因爲過去的仇恨，所以還要去。這次繞道，佛陀還是知道了，又繞道坐在另外一棵枯樹下，國王遠遠看到了，啊！算了，又退兵。你知道軍隊啟動之後，是不能隨便退兵的。第三次，他又出兵，佛陀還是去擋，目犍連用缽把釋迦族人放在缽裡，把缽變得很大，飛到天空上去，想躲這個兵災。佛陀跟他講：「沒有用，業障現前，國人還沒有辦法修到那麼善，那業力擋不過，還是會遭報的，你把他送上天上去，仍然業力難躲。」果然下來之後變血水，他的國被滅了，少部分後裔族人現在遺存在靠近尼泊爾的邊境。佛陀的族人長得非常帥、非常美，男的像電影明星一樣，女的像模特兒一樣，即使穿得像乞丐一樣邋遢，頭髮沒洗又結虬，只要稍加梳理就變成帥哥美女。去朝聖過的人就知道，帥到不行、美到不行，都不由自主多看那裡的小孩一眼。佛陀站在那兒，最後仍沒辦法阻擋。人間事就是這樣，這給我們一個最重要的提醒：業因不要造，業果自然無。讓我們把企業的前景立於光明永續之地吧！

第五章

企業成功與否的眞正標準

企業成功與否的眞正標準

企業成功與否，一定程度是以賺錢與否爲衡量標準，這是企業價值的具體表現之一，但要取之有道，其中不免有難堪的黑暗面，這是人類欲求不滿之所在、自縛困難之所在。天主教和基督教也這麼講，亞當跟夏娃偷吃了禁果，從今而後上帝處罰人類要流血流汗才能過活。佛教的講法是衆生業報重、福報輕，不能夠衣食自然，其實在「他化自在天」裡都是衣食自然。人人都能到極樂世界，只要念佛求往生：「我要去阿彌陀佛那兒，師父說那裡衣食自在，不用再過這種煎熬奮鬥的生活，我當然修行內心。」在家人也可以去，那就是往生極樂世界。所以，你會看到漢傳出家人或在家人喜歡念阿彌陀佛，發願求生阿彌陀佛的國土世界。

企業在人類社會所表現的美麗與哀愁

至於企業，則有其美麗與哀愁。美麗是什麼？它創造了人類的財富。哀愁是什麼？總是有難以處理之事，甚至於在發展過程中一定程度擴張了私人欲望。這點必須特別注意，過頭了就會賣掉自己的靈魂。這哀愁還包括你已經習慣賣掉自己的靈魂，而你不哀不愁，別人卻又哀又愁，這更不正當。最好是，你分享美麗給別人，讓大家都美麗，不要只有你美麗，卻把哀愁給別人；凡是不能與人爲善的，就不是好的企業。

企業的組織化、效率化、資源集中化，創造了財富、進步和發展。企業如果沒有組織，則工作不能進行，會亂成一團，誰要做什麼都不知道，一定要有頭有尾、有上有下，大家分工合作。一台電腦，要有機殼、晶片、電路板、電源器、螢幕，若公司沒有組織化，就無法製成產品。除了組織之外，還要有效率，人家要買，結果還沒生產出來，就別賣了，因爲別家已經先賣了。效率也保證了人力不損耗、金錢不浪費的效率，每分錢用在刀口上，讓彼此的利潤合理化和有效化，這都是效率。

企業有時會過度壓榨上下游供應商或是勞工。賈伯斯（Steve Jobs）在世時，曾經有人談到鴻海的 iPhone 代工廠，乃至於周邊產業鏈「毛三到四」——iPhone 手機成本壓那麼低，生產線得的利潤那麼低，甚至於雇用童工以降低成本，來賺取蘋果大帝國的金錢，這是不對的。他就說：「我們願意改變。」如是這般，這就是美麗跟哀愁之間的樣子。在大陸，iPhone 還是很搶手，不論出家人、在家人大多數用 iPhone，這沒問題，用什麼東西沒有原罪，我只是說那是企業本身的問題，我們用錢去買東西，當然要好用的，這沒問題。只是一個企業要強大到搜刮別人成這樣，自己美麗就好，別人卻很哀愁，要這樣嗎？這就要考慮已經造成了人與人之間、企業與企業之間，甚至於到國與國之間的不平等，這都需要平衡。所以，如果你把資源集中化、效率化，卻過度壓榨別人的成本，讓別人很慘，只有你賺高利潤，看起來你公司很有效率，很美麗，別人哀愁，導致世界不平衡，就像孔子講「不患寡而患不均」——分配是否合理、公平。

一般規模小的公司只能生產鉛筆、文具等較小的物品，像電視、汽車等需要較多的資金和專業，就需要企業將資源集中化，才能發揮最大效益，也因此造就了資本市場的出現。畢竟凡事都要由國家來投資、經營，有一定的難度與問題，一來國家未必有那麼多資金、二來沒那麼多經驗、三來有可能「大鍋飯文化」造成了員工的不努力，這些都是問題，所以需要民營化——企業集資於民間，用民間的力量來營運、消費大眾的選擇來監督。

既然買賣，就有盈虧，既然生產，就有成本，都涉及金錢的多寡，這就是人性，有時很難突破，除非用佛法，就可以超越。比如寺院，在裡頭做事，大家都沒有錢可拿，爲什麼他們樂意做？因爲他們知道那是行善、修行。既然都出家要修行了，所以被分配到的工作，自動就會去做，不會想說我怎麼那麼倒楣，方丈和尚都在屋子裡，只有我們在掃地、煮飯給他吃，不會這樣想的，因爲方丈和尚各司其職，同樣都是爲了修道。

回過頭再談企業，企業主過度追求一己獲利，終將失去個人內心的快樂與社會的正義。因爲凡事只看一己的獲不獲利、公不公平、有沒有效率，讓企業家做久了，想的總是這樣：你賺那麼多，我怎麼那麼少？他想的是公平合理的利潤，不會想給他人多一點，甚至於「我經營公司這麼困難，能賺就是我的」，干社會正義什麼事？他沒有想到，他的員工在父母省吃儉用的支持之下讀到博士，現在一天工作八小時領一份薪水，還叫人家無薪加班，說是「責任制」。

責任制就是不管一天上班時間多久，要把事情做完就得做完、要求做好就得做好，很多人因爲這工作在期限之內做不完、研究案做不出來、企劃案寫不出來，就乾脆不下班，甚至於衣服帶到公司，在辦公裡累了睡覺醒了繼續做、繼續寫，老婆就呱啦呱啦叫，爸爸也呱啦呱啦叫：我先生、我兒子去上班，怎麼還沒回來？老闆一句話責任制，員工要來不來隨你，結果老闆是成功了、公司是成功了，可是你沒有善盡照顧員工健康的責任。

臺灣的張忠謀先生不用責任制，採用三班制，就是大夜班、晚班及白天班，三班照輪或者員工自選。大夜班給更多錢，但要把身體調好，專門做大夜班，不是多給一點錢叫你加班；全都準時上下班，再交接給下一個，效率還是做得出來，目標還是達得到，工作多了，就用更多經費，雇更多人做，他的態度和做法比較溫和，這就是社會正義。你以為有錢請員工，員工就要為你賣命嗎？員工有技術沒資本，才來領你的薪水，可是你這樣壓榨他，結果犧牲人家的家庭溫暖，甚至於做爸爸、做丈夫的健康，就算月薪再高，新臺幣二、三十萬元，或者四、五十萬元，也買不回人的健康啊。尤其是晶圓代工產業，競爭激烈、拚得厲害，韓國就一直虎視眈眈，臺灣要守住這個龍頭地位，得要很拚。張忠謀先生既事業成功又顧到社會正義，所以在臺灣民間有很高的社會地位，加上他對政治不隨便講話，該說時才會講幾句中肯的重話，人家覺得他有身份、講到重點，而且他白髮蒼蒼又慈眉善目，看了就覺得舒服，別人家還鼓動他出來選立法委員呢。對於這般的「勸進」，他說：「不！你不要害我，我要好好把本業顧好。」他懂得顧到社會正義，他給人內心快樂和安全。所以，不要只想獲利、拚鬥而已，沒了命能拚什麼？要有善心和平衡的心，不要過度追求己利。

臺灣還有位有名的企業家許文龍先生，出錢買地買藝術品，還建一個類似羅浮宮的那種歐式宮殿建築，叫奇美博物館，開放給所有人免費去看，結果造成轟動，等候排隊的人太多了，常常很難排得進去，大多看過的人都說「太美、太好了」。在一週上班七天的年代，他只上一天半，其他時間都在拉小提琴，陪員工聊天。他講過一句名言：「不要什麼都投資，天下的錢不要都你賺，留一些讓人家賺，我們夠用就好。」他的錢很多，可是他拿出來的也多，繳稅從來就是臺灣的前幾名，他在社會上的地位也很高，很受社會的普遍尊重。所以，企業若能反饋社會，得到的反而更多，這就是企業價值的顯現。

當前資本市場經濟體面臨的實際危機

當前世界主要資本市場經濟體所面臨的實際危機，主要是指歐美；歐美發展資本經濟長達一、兩個世紀了，所面臨到的危機來自人性。我想從「無法控制地球環境與生態的破壞」、「人心貪婪致生產與消費過度擴張」、「貧富差距過大造成社會動盪」三大課題來分析，分述如下。

● 無法控制地球環境與生態的破壞

第一種危機是破壞地球環境與生態。一個科技產品裡頭有多少微量元素？這些微量元素，通通來自於開採大自然的破壞。比如成大校長就曾經指摘 iPhone，因爲早期做 I5 時，用的是 CNC 精密切割，切割一支手機要用掉很多的水。

當年賈伯斯要日本做，日本做好了，他不滿意，要求日本廠商一天之內要給回覆，並且做出來，日本不甩他：「憑什麼這樣要求？我做得出來，可是就不想搭理你。」德國更不可能，德國廠商說：「我們自家做都做不完，怎可能幫你加工？」賈伯斯想到臺灣加工好像還不錯，就問臺灣廠商：「標準是一根頭髮那麼細。」好比用一隻大象拖一把刀子，從一根頭髮中間割裂一半，這有多難。臺灣廠商說：「好，你拿來，二十四小時內做出來，用航空快遞寄去給你看，如果做得成，給我做。」賈伯斯說：「真的？好！你要做 OK！」結果慢了一個小時送到賈伯斯的桌子上，慢的是 UPS 飛機延誤，跟臺灣生產無關。

賈伯斯看到了，馬上下訂單，當時在臺中方圓兩公里之內，一年產值就有六百億新臺幣。iPhone 每年換一支，成大校長罵浪費資源，因爲 CNC 切割要降溫、要動力噴霧，每分鐘就要用掉多少加侖的水？多少電？每年換新機，他用這種方法展現美學並促進消費，卻沒有顧慮到對環境的破壞、資源的浪費。

有個在德國實際發生的故事，東方人去那裡吃飯，點了很多菜，菜沒吃完，剩一堆，就要走人了，服務生過來跟他講：「對不起！剩下的要吃完。」他問：「爲什麼要吃完？我付錢了啊！大爺我不吃怎麼樣？」服務生說：「沒關係，那你稍等一下。」他馬上打電話給環保官，環保官一來，當場人贓俱獲罰錢。那個東方人生氣地說：「硬吞也吞不下了。我買不吃又怎麼樣？」環保官說：「錢你的，食物是這個世界的，你沒有資格用你的錢，浪費全世界共有的資源。」

成大校長罵 iPhone 浪費，其實還 OK，錢是你的，但這些資源是全世界的。社會正義需要企業家用良心來共同面對的，不然，人類眞的會沒有未來了。

我還想進一步從五大面向來探討，分別是「爲求企業利益不顧因果與正義」、「找回覺性更用善心善業感善果」、「資源共享不應爲私利破壞生態」、「多一份眞誠良知找回企業良心」、「先學習做個符合良心的消費者」。

● 爲求企業利益不顧因果與正義

接下來，我們談企業的善惡面問題。這就是佛法所講「人間的一個煩惱相，一個不完美相」。企業的運作，包括生產流程、販賣內容、販賣方式，以及利潤分配等，都得面對公不公正、正不正義、合不合法，好與不好的因果問題。

最近看到一個報導，泰國的人妖性產業，幾乎已經達到泰國國民所得的一定比例了。性產業或性交易行爲，在某些國家被認定是不道德的，但在泰國，無關乎道不道德，而是直接反映在實際的營業額，已經大到是國民生產毛額的一定比例了。怎麼會這樣呢？這就是世間的不圓滿相。

有時爲了國家社會的和諧或者世界各國之間相互尊重的關係，我們就宣導一種「尊重文化」——尊重各國文化底下的生活與選擇，這是對的，也是必須的。佛法，佛教之法，從來就沒有一個很霸道的想法，認爲所有人類都應該信佛，它沒有這麼樣強烈的想法，可是對於某些宗教，它就不這麼認爲，它主張我的宗教是唯一眞理，不信仰我這個宗教，基本上都是潛在的問題者或者潛在的不恰當行爲，所以它在文化的思維上面，就有一種比較唯我獨尊的態度。佛教一向不這樣，也就是因爲不這樣，所以適應力夠強，也更加要求佛弟子要擁有更開放的心靈來面對萬事萬物。然而，開放也意味著，會給自己太多自以爲是的解釋而做錯了事，這也需要注意的。爲了避免相對太開放而沒有紀律，佛教對於出家人或者某些修行到一定層次的居士來講，是有一定要遵守的戒律。

從戒律的角度來說，可跟不可，是有明確的規範。比如，佛教徒可以賣大炮嗎？可以賣槍炮嗎？這對一定程度學佛的出家和在家人來講，根本不成問題，因爲梵網菩薩戒裡頭就明白寫著這一條，除了「不市易棺材板木」以外，還有「不得畜一切刀杖弓箭」、「矛斧鬥戰之具」，以及「惡網羅罥殺生之器」，這些都不能蓄了，還會賣嗎？蓄弓、箭、矛、斧，是因爲那是殺生工具，一切殺生網羅之具，像釣具、釣竿、撈魚、抓魚等器具，抓魚弄死魚要吃魚，都不行，因爲傷害了衆生的命，對受這條戒的佛弟子來講，善惡明確，沒有空間可言。

有一個和戒律有關的故事：有個小偷偷了你的東西，跑了，你一路追追追，可是小偷跑太快了，追到你心臟跳得快掛掉了。於是一想，丟支手錶事小，丟條命事大，算了，不追了，給他吧，於是就不追，也認賠了。隔了兩個小時，在某個車站看到那個小偷，那蠢蛋居然把偷來手錶放在旁邊，就累趴睡著了，這時你一看：「哇！這是我的手錶嘛！」把它拿回來，可以或不可以呢？

律上很明顯的一句話，它說原失主已經有了「捨心」，這捨就是認賠，手錶就算小偷的了。這時你卻說：「哇！我看到了，把它拿回來！」此時換成是你偷盜，因爲你起「得心」，想要拿回來，他偷你的因果已經完成了，這時他已經認爲是他的了，所以安心放在旁邊睡著了，換你去拿，就變成偷了。那因果怎麼算？因果當然算，他偷你的事情已經完成了，他偷你一次；可是換過來你去拿，你偷他一次。兩個沒扯平，各自犯了一個偷盜罪，各有自己的業果要受的。

前面提到，你對生命沒準備，死後隨善惡業而去。我們的一生，善業、惡業都有，要不是有特別明顯的善業，先前的惡業可能會拉著你，也就是說你本來些一些善業，可是惡業先現前，先受地獄報。那冤不冤枉？佛教教你一個比較有智慧的做法，就是在惡業還沒現前，儘量創造更大的善業，來淡化惡業的影響。

消除惡業有兩種方式。第一、用更大的善念來懺悔、行善，以消滅這個惡。比如跟人有了口角之爭，心想地球這麼小，他人也不是多壞，幹什麼爭這個？就跟他講：「眞對不起！剛剛我講話重了點。」或者：「我剛剛生了煩惱，很抱歉！鄭重跟你道歉！」口角之爭的惡業就此消失，你針對那個惡業去處理，很棒！而且要越快、越早、越強烈越好，因爲「業」會不斷增長擴大，越延遲越往後挪，它就越長越長大。比如你惹惱某個人，今天不跟他懺悔、明天也不，那個人在旁邊冷冷看著你：「你看那傢伙腦滿腸肥！你看那傢伙口齒伶俐，哼！講那種話，講得人模人樣的，對我講話這麼惡劣，越看你就越火！」看到你一次就火一次，看兩次就火兩次！他對你的不滿正在增長，它會增長的，所以有了惡業，越早坦承面對越好、越早自我懺悔越好，越早消除越好。

第二種情況是你不曉得做了什麼惡業，今生做什麼生意都不順，怎麼投資都不順，都沒賺錢的因緣。原因可能是以前一毛不拔，從來不供養三寶、不做社會慈善，看到人家賺錢冷眼旁觀，甚至於還扯人家後腿，障礙人家正當賺錢，既一毛不拔又阻撓人家賺錢，因緣果報一到，可能今生要受了。怪了？明明易如反掌能賺的都賺不到，這時你就要想那是惡業，可又不曉得對誰做了什麼事或哪些事？「欲知過去因，今生受者是」，你不知道過去做了什麼，但今生受那個果報，說的就是這種情況、這個樣子。你看人家只請了一個經理，他就是拼死拼活地做，做得這麼好，我請了三個經理，沒一個幹得上來。人家好因緣，自己沒好因緣，你就要求懺悔：過去沒有照顧人？沒有眞誠爲人服務？或者過去做人家幹部時候鎮沒有眞誠掏心？那今天就要受這個果報。要眞心實在懺悔。

你不知道到底對誰做了什麼，那怎麼眞心實在懺悔？有方法的，那叫「泛泛地求懺悔」。泛泛求懺悔爲什麼有用？你看這裡有塊鹽巴，如果把鹽巴拿起來就往嘴裡放，哇！鹹死了。若把鹽巴放在這杯水中，溶解後再喝，就好多了，有點鹹但不會太鹹，最終還是把整個鹽巴吃下去了。沒那麼鹹跟那麼鹹，只是有沒有加水或加多少水而已。這就意謂著最終會受果報，如果造的善夠大，受的果報大，那就舒服多了；你造的善就像在鹽巴加的水一樣，水愈多鹹度就愈淡。

講到懺悔，有具體對象的懺悔，跟泛泛地對自己的惡業惡心做總體懺悔，都是企業主在面對企業營運困難時，在面對人際種種問題時……，可以眞心實在去做的作法。出家師父，亦復如是。修行修不好，處眾處不了，大眾住的你安住不了，或者作爲道場主有什麼樣的人際困擾等等，都不順你一片好心，這時不要算命卜卦，也不用花半毛錢，把我的話記清楚就好、這麼做就行，那就是在佛前一聲聲地說：「弟子錯了！沒有發足夠的好心；弟子錯了！一定過去與人不爲善，我現在求懺悔！

我願意在事業成功或穩定之後，供養三寶、服務社會、回饋社會，請三寶慈憫，讓我能消業，對於我過去工作事業等方面的障礙眞心求懺悔！」即便我叫不出名字來，到底對何人做了何事也不清楚，但我知道「欲知過去因，今生受者是」，今生的那些不順利，都是受的結果。

● 找回覺性更用善心善業感善果

做爲佛教徒，不一定要有神通，更不需要算命，但堅信一件事：天下的事絕對是有因有緣才有果報，沒有「偶然」，沒有「突然」，沒有「我倒楣」或「我怎麼老遇到這個人、這種事」。人家怎麼都找到好朋友投資？沒錢，朋友還無條件融資；你找半天，盡找些惡友投資，結果老是不好，怎麼這麼倒楣？這就是你有因緣，會找到這樣的人。把你的心修善了，遇到不順時，先不要說別人妨礙你，先說是我不可遏抑的因，召感成今天的樣貌，要在佛菩薩面前求懺悔。

爲什麼要在佛菩薩面前求懺悔？不是因爲他限定你的善惡，不是他處罰你，所以要跟他求懺悔。是因爲佛菩薩有最慈憫、最智慧及最無我的那顆心，他的心是一切眾生本質上相同的佛性之心。我過去造惡，所以今天會受不順的果報，不是因爲我本質上的惡，是因爲我忘失了我的「佛性之心」。今天來到佛前求懺悔，其實是在對我的眞心求懺悔，喚醒我內在最純眞的一念「佛性之心」，所以到佛前求懺悔。不是求他赦免，也不是求他免罪，哪有這種事？那樣佛陀不就變成黑幫老大，你做錯事跟他講就幫你擺平？那你儘管做壞事好了，不是這樣的。是祈求他協助你、讓你有智慧，慈悲地喚醒你自己的內在覺性；那一念覺性，是最溫柔、最體貼、最善解人意、最沒有恐懼、最有智慧，最能夠分辨善惡是非，也最能夠體諒一切衆生，不害一切衆生的「佛性之心」。

當你已經喚醒了這一念心——「佛性之心」時，你會對誰作惡？不會了。當你的心已經不再對任何一個衆生，存有不當的私欲、私念跟嗔恨時，會有什麼惡事在你身上？沒有了。哪怕已經有過的惡事，也基於你這一念轉變了造惡的心之後，心轉境轉，境轉命運轉，一切皆轉，事業就跟著轉了。相信師父的話，信佛教本質是不用花半毛錢的，修行眞的不用花錢，只需花你那一念心。佛陀最慈悲，佛陀沒有說你要拿錢來買贖罪的，絕對沒這回事！

我們都是凡夫，智慧不足，但我們擁有一個面對錯誤的能耐，這就是前面講的「想要成功，先學會面對失敗」，我們面對失敗的方法，就是反求諸己。你可以想像得到，一位企業家能夠這樣做，將會影響多少員工，影響週邊多少的人跟著心柔軟下來。如果不只一位企業家有這樣的影響力，而是兩位、三位⋯、乃至更多位的話，這個社會、國家、世界將變得多好。這是師父的期望。

● 資源共享不應爲私利破壞生態

地球生態與環境的破壞，就是人類過度以地球爲個人所有，忘記了那是共享的結果。在產業競爭的過程中，大家殺紅了眼，我今天做手機，花掉這麼多的時間、人力和資本，如果賣不到一定數量，就會賠錢就會倒，所以不管了，一定要推陳出新，管它用掉環境多少資源。

就商品來說，好像無可厚非，但市場佔有率越來越大，大到已再有對手時，可以想像你的產品對這個世界有多大的影響，光就地球生態與環境的角度而言，錢你在賺，公共的大自然環境你在破壞，破壞一棵樹，要二、三十年才能種得回來，眼前你賺了錢，是你私人的錢拿去做私人的事，可是破壞一棵樹、兩棵樹，一個雨林、兩個雨林，是全世界來替你的行爲埋單，這哪是社會正義？因此，做企業，尤其是愈大的企業，從生產、銷售到回收，都要都社會責任：地球資源是共享的，不應爲私利而破壞生態。

一家影響力小的小公司也許想不到那麼多，但如果它能想到甚至做到，那是好事；至於大企業就更需要了，偏偏大企業，有時連國家都不一定拿它有辦法。如果這家大企業不好好做，該怎麼做？比如不買他的股票、不用他的產品。

● 多一份眞誠良知找回企業良心

我對於任何產品都沒有惡意，沒有預存立場，只是拿事情做比喻。大家要瞭解，關於地球的生態與環境，哪怕只是賣醬油、賣衛生紙，都要考慮。比如衛生紙，不用漂白水，漂白水擦在身上有傷害，對環境也有傷害。我賣沒有加漂白水的衛生紙，人家不想買，因爲不夠白，可是如果這對環境更好、對使用者更好，那麼剛開始跟股東講清楚，說我們做的是良心事業。中國有十三、十四億人口，一天只要用兩張衛生紙，一天就要用掉二十八億張，要集多少的工廠去生產？當中如果都少用一點點漂白水，環境的負擔就可以減少多少？這僅是一天而已，如果是一個月、一年，那麼量有多大、影響有多大。你想想看，願意跟不願選擇沒有加漂白水的衛生紙，只在你我的一念之間。也許你說這樣人家不買，怎麼會不買？如果是對的事，你就大聲告訴大家啊！剛開始多一點廣告和宣傳，強調你做的是良心事業，是對地球環境、對國家社會，以及對大家都比較好的事。只要想到環境是大家的，對大家好的事，就去做，就大聲講。

你我都是凡夫，但都是可以學佛的凡夫，不是凡夫的凡夫，我們多了一份眞誠面對自己的良知。這一份眞誠的良知可不可以轉化爲生產值？絕對可以！當企業找回良心，消費者就會跟著找回良心，這是善的迴圈。過去積習太久了，要馬上改變或許不容易，但不做永遠沒有機會，會把整個世界搞砸了，受害的不是一個國家、地區而已，而是整個地球、所有人類。剛剛我喝了一杯濾掛式的咖啡，上面寫著「來自天然雨林未破壞環境的咖啡豆」。我覺得喝了心安理得。怎麼說？我願意支持這種產品，因爲雨林還在，沒有毀掉雨林。一般種咖啡豆的，往往就是把雨林給毀了的幫兇，他們用殺蟲劑殺蟲、用化學肥料撒一撒，然後再用低廉工資請非洲原住民採摘，甚至用更多的錢去買通那裡的軍閥，讓他們再去跟先進國家買武器，然後不斷發生內戰……，可嘆的是，消費者竟喝這種破壞環境、毀壞人心的咖啡豆——每一滴都是血、汗換來的咖啡豆。

這是人類面臨的第一個經濟危機——破壞環境，因爲強調競爭，就不擇手段：便宜、方便、豪取、壓榨；不要只想貪便宜，先學著做一位有良知的消費者，我們就會支持出有良心的企業。

● 先學習做個符合良心的消費者

臺灣發生食油事件後，我在臉書寫說，臺灣會這樣，是有因有緣的。在夜市，三十塊享有美食，五、六十塊就可以買一大桶油。有沒有想過？這麼一大桶黃豆，買就不只這個價錢了，何況還要榨油、包裝，怎麼可能用這麼低的價格去買呢？本來就不合理。算了，抱持著「反正便宜就好」的心態，就會長養出用「非常手段」的製造商，你不去支持一個有良心的產品，只要求東西愈便宜愈好，我告訴你，羊毛都出在羊身上。人家說「賠錢的生意沒人做，殺頭的生意有人做」，只要能賺錢就好，殺頭他都敢做，還有什麼不敢做的。反過來說，你計較蠅頭小利、想買超值的東西，有可能嗎？這根本就是把那些企業「逼上梁山」。因此，先做一位有良知的消費者，也是很重要的事。

從另外一個層面來看，你是企業經營者，是生產者，而不是消費者，所以這些消費行爲與我們企業無關。這樣想這樣說，也是錯的，從企業要購買生產原料的立場說，企業體本身就是消費者，企業只是轉加工生產而增加原料的原有價值而已，所以這種「符合良心的消費行爲」，無論對企業體或個人消費者而言，都必須遵守的理由是一致的。當然，若單純就生活層面來說，企業家本身也是消費者，當然也要有支持這種「良心消費」的觀念。

●人心貪婪致生產與消費過度擴張

一位哈佛大學商學院的女教授，寫文章質疑西方的資本主義，認爲經濟發展強調趕快消費、趕快生產、趕快再消費、趕快再生產，這種刺激需求引發生產的理論，讓需求、生產兩邊一直上上下下的時候，活絡了整個經濟，堆疊了企業家的財富，也累積了更多的社會問題。

此一章節，我要進一步分別從「應考慮物質的有限與環境的負荷」、「不應爲發展經濟利益而過度浪費」加以討論。

●應考慮物質的有限與環境的負荷

刺激需求引發生產的理論，表面上看似單純，可是它完全不考慮人類貪婪、環境負荷，以及物質有限這幾個條件。當我們把這三個條件都考慮進去的話，怎麼可能會支持一直擴張消費呢？怎麼可能讓一直擴張消費的生產系統可以永遠持續呢？所以，有能力的國家或者企業集團，就開始到全球去搜刮那些沒有能力國家的物產、資源；當兩個相對強勢國家都在搜刮同一弱勢國家的資源時，常常就會發生爭奪、打仗，導致世界難以和平，用佛教觀來看，這就是「五濁惡世」，如果再這樣下去，會毀了我們彼此。

那位女教授寫出在西方經濟理論系統中非主流的議題，有部份有良知的學者繼續跟她討論這個話題。師父讀過她的部分文摘，講的就是生產與消費的過度擴張，這眞是兩難，怎麼說？如果不生產，公司就沒辦法維持，公司投資設廠，三、五年，甚至十年才能回收，員工要活命，不能叫我只生產一次、只生產一些，就不生產了，所以必須生產。這沒話講，可是問題出在哪裡？出在過度擴張，這就需要企業家冷靜思維、冷靜判斷了。擴大市場應該依著善心，在合理範圍內降低成本，更加合理的是，在生產的過程當中，控管社會成本、環境成本的負面影響，甚或產生正面效益，那就更好。

這些出自一個和尚之口，表面聽起來似乎不太合適，其實是合適的，爲什麼？因爲佛教是「心包太虛，量周沙界」，它所緣想的是一切衆生的福祉，它所護念的是整個衆生所依賴生存環境的安全。所以，由一個和尚來講這個話，再恰當不過，和尚就是基於對衆生的悲憫。那麼我想導引企業家的，也就是要導引出內心最溫柔的那一塊緣想與護念。

人類長期以來不甩內心最溫柔的那一塊緣想與護念，剛開始的轉念與改變，也許有些辛苦，但慢慢的你就會被有心的人看到；你眞是一個有良知的企業家，將來在買東西時會優先考慮到你。這過程，你也許會做得很辛苦，但你會做得很坦然，因爲打從一開始，你就顧慮到環境週邊，那麼就一定程度會控制擴張性生產，讓生產量依需求量慢慢成長。

因爲控制量產，剛開始，單價比人家高，會有點辛苦，但這個單價是爲了維持你的生產成本，你可以告訴消費者，你對保護環境多了那機機制，所以相對成本增高。這恰恰是消費者跟生產者之於全球的共有責任，也確實要由企業家主動去教育社會大衆。如果國家政策也能配合、跟著導引，那最好不過。不過，我覺得現今社會，國家體制往往沒辦法靈活到這種程度，任何一個國家都沒有辦法。因此，這些要由有心、有因緣的企業家，在政府召開的重要會議或經濟會議時，前往說明、導引政府官員理解到：這對國家的長遠發展有莫大好處。

好比，污染一公克的毒物到土地當中，可能要用幾十倍到百倍的費用，把毒從泥土裡再吸收回來，以國家長遠的經濟發展來說，這是得不償失的，何況其對土地、對人類的危害，更是難以估量、無法計數的，所以支持生產過程不染污環境的正義產業，對國家的長遠發展絕對有幫助，對確保土地的品質、人類的健康，絕對有助益，也許推動起來，剛開始會有陣痛，但大家要共體時艱。

再比如，對政府來說，對眞正投資在正義產業的工廠和廠商，應該給予幾年的減稅或免稅，或者爲鼓勵不破壞雨林、森林所生產的咖啡豆，可以考量進口低關稅或零關稅，畢竟這些咖啡豆的生產成本和難度都增加了，而且營養度足夠，對自然環境的破壞、人類健康的危害也減少了，政府就要多支持，透過國家體制來誘導優質的生產與消費方式，好比政府頒給進口商一個勳章：「這是重視環境生態的咖啡」，社會大衆在消費時會說：「有國家認證喔！」這是多麼有意義的事啊！進口商坦白說會比一般的咖啡貴多少百分比，消費者也明白多付這個價錢，對這個世界是有很大的幫助，這就是共好。

像臺灣有個慈濟，早年還有「慈濟聯名卡」，你的信用卡每刷卡一次，每一百元或者多少的手續費，銀行就提撥多少比例給慈濟做社會慈善，很多人都願意去刷，因爲消費的同時做慈善工作，而且做慈善的費用是由銀行埋單，我也沒有買得比較貴，這東西二十塊就是二十塊，用這張卡刷、那張卡刷，都是二十塊，可是我用這張卡刷，銀行要替我多付比如五毛或三毛的慈善基金。

早期我們用 PC 的時候，都會用到 Microsoft 的軟體，我們常常罵它爛軟體，會賺錢不會做軟體，就敢拿出來賣，儲沒有辦法，沒別的軟體可以用，Linux 或者是紅帽又不太好，用不順手。後來沒罵它了，因爲有次我去美國巡迴演講時，有位後來出家的居士，他是微軟第一、二批最精英的工程師，他很拚命，不過也拚到快沒命了，後來申請提早退休，領了退休金跟股票，光是股票就可以讓他養三代的子孫，你看這家企業對員工是這樣子的。

這位居士帶我去參觀 Microsoft 園區，有意無意跟我講到一件事，他說：「師父，其實比爾．蓋茲信佛。」我說：「怎樣說？」他說：「常常有西方的出家人會去看他，他會跟那個師父會談很久。」之後，比爾．蓋茲怎麼做？Microsoft 全世界的員工，只要有員工捐錢做慈善事業，收據可以跟公司核銷，比爾．蓋茲還跟著你捐。比如說某甲捐十塊給慈濟，比爾．蓋茲也跟著你捐十塊。他一個人對全公司，你捐多少他就跟著捐多少，他用這種半遊戲的方法來誘導員工修善法。我聽了之後，就覺得不要罵他了，人家做善事嘛。

● 不應爲發展經濟利益而過度浪費

生產、消費的過度擴張，會有很多後遺症，請留意我講的是「過度」。擴張是企業存活所必須，可是當你注意到社會正義時，你的擴張會找到一個合理的平衡點。但西方企業幾乎不這麼想，想的是怎樣去激勵消費者汰舊換新，汽車、電腦、手機等都是，如此就可以一直促進發展，人類的內心並沒有因此變得更平和，反而凸顯了市場經濟的危機。換句話說，如何在生產或消費產品的過程當中，有義務做到合理的平衡點——經濟能發展又不至於過度浪費，殊爲重要。

這種主張漸漸在西方被關注到了。早期我們不會東西故障不修就丟掉，現在沒辦法，沒人修了，比如新手機用個半載一年，大概就差不多壞了，於是，眼睜睜看著那個好端端的塑膠機殼，只得一起丟掉，多麼浪費。這就是環境使然，我們在這個環境中一定要學會控制平衡，甚至提醒大企業也注意維持平衡。

●財富過度集中造成社會的不平衡

財富過度集中造成社會的不平衡，雖是大家所共知共感的問題，然而，衡諸全球，對多數國家來說是愈來愈嚴重，特別值得關切。我要從「貧富差距過大造成社會動盪」、「動盪社會覆巢之下無完卵」兩方面來探討。

● 貧富差距過大造成社會動盪

法國托瑪．皮凱提（Thomas Piketty）在《二十一世紀資本論》一書中的關鍵論述是：如果政府放任市場自由運作，或是採用像現在許多國家的「小政府」施政，那麼三、四十年後，社會上將有近九成的資本，都會集中在最富有的百分之十富豪手中。長此以往，社會終將因財富與所得分配太過不均而產生動盪。

中國人有句話「不患寡而患不均」，這句話我小時候常聽。臺灣話則講「怨無不怨少」，意思是抱怨沒有不抱怨少。你看小孩子在一起玩東西，大哥哥玩的東西有這麼多，如果他一個都沒有，他就抓狂大哭，給他一個，他有了，就開始玩自己的，不會跟大哥哥要大車了，這是第一個層次「有與無的比較」問題。

接著是第二個層次「多跟少的比較」問題，這是「不患寡而患不均」的基本概念，也就是《二十一世紀資本論》發聾振聵的議題：從歷史證據來看，資本報酬率通常大於整體的經濟成長率，也就是說，有錢人財富增生累積的速度快過一般人工作收入增加的速度，因此富者將愈來愈富，占掉社會大部分的所得與財富份額。當一個社會普遍的財富水準差異若干倍以內，是可堪忍受的，當超過那個比例之後，或者太多炫富者已經不把錢當錢看、貧窮的人貧到了連褲子都沒得穿的時候，這個社會一定會不安，勢必會動盪。

奧地利維也納大學是十三世紀就設立的一所皇家大學，一直延續到現在，六百多年了，在西方歐洲研究佛學的領域，具有頂尖的領導地位。去年在維也納舉行的一項國際會議，我前往發表論文，去那裡觀察那裡的民間生活，看到他們有一個中文簡介，說歐洲沒有太多所謂的名牌店，因爲歐洲人自認他們的經濟是「社會主義帶一些資本主義」。比如，一位在飯店裡頭打掃的大嬸，平均月薪跟大學教授或當醫生的所得，在三倍以內，太不可思議了。他們的社會不炫富，也不崇尚名牌，因爲大家差不多，沒有必要對別人表現出我用了什麼特別好、特別貴的物品，整個社會多的是彼此的尊重；薪資收入或財富多寡，雖然一定程度代表這個人在社會上的地位或影響力，但僅是一定程度，而非全部。奧地利人口八百多萬人，平均年薪三萬美金以上，有一定的生活水準，人民有一定的修養，整個城鎮乾乾淨淨，我遊的那條多瑙河很乾淨，也沒看到幾個大嬸在那裡收垃圾。最難得的是財富平均，人人相對平等，沒有人天生就比他人更有智慧、更有道德，因此，他們的政治人物不致於太獨斷獨行，講話也不會太大聲，他們認爲，政治人物應該多聽聽人民的聲音，這是他們的民主素養。

當然，不必然每個國家都要像奥地利，但它表現出來最重要特色是整個社會的平衡性、均衡性。我最近看到大陸有些文宣，也在強調這點，這是很正確的方向。一個國家的發展初期，一開始難免財富不均，會讓少部分先富起來，這是一定的，因爲少部分人有此因緣，就讓他們先富，不能也不應太壓抑他們苦等大多數人跟進，這會太慢了，但也不能讓這少部分人走得太快或把距離拉得太遠，要快慢適中、差距適中，才是合理、才算均衡。

北歐就是，最高課税百分之六十到六十五，賺一百塊要給政府六十五塊，這在華人社會恐怕會抓狂，但他們認爲，繳税以促進國家發展、利益大衆、均分這個價值，是非常光榮的事。有錢人税重，沒錢人税輕，用國家之力把有錢人跟沒錢人的差異拉平，再加上社會福利制度，照顧更多沒有辦法照顧自己的人，透過合法的劫富濟貧——要求富人多繳税捐的劫富，再以福利制度來幫助比較沒能力者的濟貧，使得貧富差距越來越小，整個國家也就越來越穩定。美國、法國和英國沒做得這麼徹底，中歐、北歐則用這種方法來平衡國民的財富。

像歐美這種大的經濟體，就被檢討了，這就是我講的「不一定要追尋歐美」，指的就是美、英、法、德這幾個主要的國家，包括日本也是。這些國家的作爲不一定值得我們援引模仿。稍微接觸經濟理論的人，都應該看過《二十一世紀資本論》這本經典著作，接著來看看他們自己人怎麼說。

近一世紀以來的西方經濟理論，一向都是由美國學者提出，其實最早實踐資本主義概念的是英國、法國，這一世紀才由美國獨領風騷，主要是二次世界大戰之後，各國普遍都疲累了，尤其是歐洲，整個垮下來了，美國變得一枝獨秀，這當然有它的天時地利人和，它的腹地廣大，國家政策也有一定的輔助推力。不過，國際經典著作《二十一世紀資本論》的主要作者，是法國籍的皮凱提。他二十二歲做麻省理工學院經濟系教授，一般才大學畢業，但他拿到博士學位，還被聘正教授，眞是天才型人物。研究經濟學，需要有很好的數學頭腦、還有邏輯、記憶和創新力，這是很不容易有的綜合能力。它跟研究物理學不同，研究物理學需要太多實驗工具輔助，經費不足就沒法子做，有時候是心有餘而力不足，研究經濟學幾乎純粹靠腦力就可以做得來，但困難點也在此。

《二十一世紀資本論》論述嚴謹，具有開山祖地位。他的方法論源自計量歷史經濟學，綜合大歷史的軌跡，再做適當的推論，完全符合科學研究的方法論。他有一定的計量方式，還有很多關鍵性的觀察和發人深省的論述，這是學術界長期以來少見的深刻見解，他做到了，更加凸顯了他非凡的能耐和學術地位。

他研究過去兩、三個世紀以來，西方主要資本主義經濟體的問題和現象，他不僅客觀，有助理幫他研究英國的部分，而且研究美國部分的學者資歷比他深。研究美國的學者，大他三十歲，早他三十年前就已經揚名立萬了，還這麼支持這位年輕小夥子，可想而知這小夥子的能耐眞的嚇人；西方講英雄主義，那麼他就是英雄、被崇拜者。我看過他演講，樣子溫和儒雅。另外一位幫他研究英國部分的學者，也是一位在美國研究經濟學的頂尖學者，同樣大他很多歲數。

他自己研究法國的部分，用一樣的方法跟標準研究，之後交叉比得到一些結果，再討論出結論，最後由他拍板定案，這些研究都需要大集團支持，細節就不多說了。

總之，這本書不是一般想當然耳的計算跟結論，它是在有強大邏輯系統的基礎架構之下，可以放諸四海、可供實證檢驗的分析和論述，是一部對人類近期以來資本主義形成過程及其影響的總體觀察。皮凱提沒有任何的政治企圖，只是作爲一個經濟學者，眞心誠意認眞研究經濟現象，如此而已。

他得出一個結論，這個結論你懂了，再去看這本書，那就會覺得興趣盎然，因爲你知道他隱藏著什麼樣的目的在做研究。他關鍵論述是「如果政府繼續放任市場自由運作……」，這跟國家體制自不自由無關，他在談的是一個經濟市場的操作面，你不要看到自由兩個字，就以爲是體制上的什麼是什麼，這跟體制無關，是說放任市場自由運作，主要是資金的流通。在西方國家，認爲資金是個人的、私密的——個人擁有財產的權利，當然就能自由流通。講是這麼講，但眞正運作時，不盡然如此，先不提官商勾結或有錢人之間的結合壟斷，這些西方國家都有一定程度的制裁或阻擋方法，比如「反托拉斯法」，就是爲了避免同類型的公司再結合、過度壯大，或大公司跟大公司之間的併購行爲，造成市場的壟斷，這些必須要政府同意，不然就會形成過度資本集中。所以它不是全然的自由，在西方國家也不是，可終究還是相對比較自由。

皮凱提講的放任，有其精確的標準和意涵，翻譯起來就叫作放任。這個放任，隱藏著很多遊戲規則之內的自由度，大家就會在遊戲規則之內，儘量找出最有利於自己的作爲，比如說銀行融資，就是拿人民的存款借給企業界做生意，那到底借與不借，理論上有標準，可是人情上其實是蠻放任的，國家也不會管那麼多，這種情況就叫放任。這裡頭就有戲碼可以玩的，未必是或會違法，是指在遊戲規則之內的正當操作，有可能出現不公義的行爲或造成不平衡的結果。

如果放任市場自由運作，或者採用像法國、英國，以及一定程度也包括美國在內的所謂「小政府施政」——不是指規模的小，而是指在經濟自由度上管理最少的小——在經濟流轉、資本流通上管理最少。這是西方資本主義的主流想法，認爲商人以追尋最大利益爲目標，政府只要管好稅收就好，賺多少就抽多少稅。皮凱提也主張各國政府應積極改革稅制，減低財富過度集中的趨勢，他更創新提出了每年課「總資本持有稅」的概念，以減緩有錢人資本累積速度。

提到課稅，我想到一個畫面，華人出國旅遊的習慣是，上車睡覺、下車尿尿、逛街買藥，說是旅遊，結果買了一堆藥回來；不是照那個美美的風景相片，而去禮品店裡買人家照好了的風景明信片。我一個外來和尚，到了美國，當然也不可免俗，去 Costco 買了很多維他命、維骨力；維骨力是補筋骨、治膝蓋的，有師父要我幫忙買，買了一堆，結果買一整車推出來，然後付錢。走出來沒多遠，裡頭小姐追出來，跟我講可以免稅。

我心想：哇！在臺灣做了快三十年和尚，政府都沒退過稅，現在美國當一天和尚，才買一次超商的東西，人家居然追出來要把錢退還給我，這是什麼國度？「我從臺灣來，不是本國人。」她說：「沒關係，你有沒有寺廟的登記證明，說你住在寺廟裡。」我說：「有，但我不是長期住這個修道院。」她說：「只要能證明你是出家人，就可以了。」我說：「有，我在莊嚴寺。」她就馬上退稅了，還退不少，美金二、三十塊。後來，車子開出去加油，又退了一次。哇！美國政府的想法是，宗教師基本上是在改造人心的老師，他們沒賺錢，政府應該鼓勵、支持宗教師，因爲他們是在幫助國家維持或增進生產力。

對啊！因爲有師父在，人民就少一個發瘋發癲，國家就少花錢去養，甚至於他的精神有狀況，還可能殺人放火，因爲有師父而減少發生類似不幸的情況，家庭也穩定了。穩定就能增加生產，所以和尚對國家來說，具有實質生產力，而且生產力不可限量，因爲開人心眼，能夠做無邊善事。以後再有誰說什麼和尚不事生產、米蟲，就拿我這話去對應。西方資本主義國家懂這個道理，眞退稅給我了，只要有個證明的話，大陸和尚去，應該也一樣。

接著沒多久，他們說：「你也可以組一個佛教會。」我說：「在臺灣，還要具備一堆資格和條件，這邊這麼簡單？」他說對！我說：「可是我沒有廟呢？」他說：「沒關係啊！」我是外來的和尚，也無所謂，只要有護照就可。我說：「若這樣，美國會要求我什麼？」他說：「只要求做到我所講的——接受的捐款要淸楚明白，如果拿捐款做生意，記得繳稅。」美國就管這個，認爲人事是宗教內部的自主權，接受捐款，只要帳目清楚，免得將來有糾紛，不讓政府難做就可以了；政府爲你證明是申請立案的佛教會，那千萬不能假借政府的證明來斂財，爲了保值，可以做一定比例投資，有獲利就要繳稅，如此而已。這就是小政府的概念，不是樣樣要管，只管在社會公義、正義範圍之內的核心問頭。

● 動盪社會覆巢之下無完卵

如果忽略了社會正義，不做一定程度的平衡，反過來，過度擴張或破壞環境生態或集中資本，那麼三、四十年後，社會上將有九成的資本，都會集中在最富有的百分之十富商手中。這在講歐美，我對大陸並不淸楚。假若歐美的未來如此，問題是不是很嚴重？這「不患寡而患不均」已經到了極度不均的地步，皮凱提這位經濟學家看到了這個問題，在《二十一世紀資本論》這麼部經典寫出了這個事實與憂慮，再下去，社會將因財富與所得分配太過不均而產生動盪。

我苦口婆心告訴在座的企業界精英，要愛護人類，不要世界動盪。整個世界，不論哪個國家都一樣，當資本自由流通過度於放任、氾濫，沒有內在心靈做適度而有效制衡的話，就可能發生動盪。所謂「覆巢之下無完卵」，企業家有義務跟政府合作，共同承擔起責任，因爲社會動盪不安、大家都毀了，除了發國難財的人做生意之外，其他人沒辦法做生意了。就算賺國難財，你的兒女不需要上學？親戚不需要開車？不需要做事？不需要上班？即使你的公司賺很多錢，在經濟上可以過得不錯，但你出門，公車繼續開？有計程車好搭？有咖啡廳營業嗎？有地方吃飯嗎？百業蕭條的結果，人人在生活上都有很多限制和不便。

社會要平衡，政府應該有這樣概念和能力，預先看到問題並做適當的調整，做爲一個好的企業家心裡也要有所本，知道這是一個合理的政策，大家要支持；如果稍微有不當，好好的溝通，都是爲了整個人類的平衡和進步。這就是善，就是大善！等你把錢都搜刮光了，百分之九十的錢落在百分之十的人手裡，然後再來說我做慈善家，要來施與大衆。這種施與，是第二轉，應該在整個發展的過程當中，優先注意到需要同步實現讓社會正義、財富平衡，而不是獨佔寡佔絕大多數資源之後的施與，那時這樣的施與，可能還沒有機會付出行動，社會已經動盪不安，甚至早已反噬了這些獨佔的富人、寡佔的企業家了。

當北歐的貧富差距在三至五倍之內，其實他們沒有社會慈善事業可做了，整個國家幾乎就是慈善事業的主體，不需要你再捐多餘的錢，因爲北歐整體的社會不穩定度很低。當前社會經濟實際所面臨的危機，無非就是以下三大項：一個是環境，一個是人心，一個是資本分配。全世界在一定程度都各處在這些問題上面，恰恰北歐相對較少，這值得大家去研究與學習。身爲企業家固然沒辦法影響到整個政策，可是可以給出適當的建議，做必要的配合；做爲有良心的企業家，要有民胞物與的情懷，想的不只是自己，而是社會大衆更多的福祉與正義，自然就會召感無量無邊的福報回到自身，這是師父最渴望的事。

企業成功的標準

什麼是成功的企業，我的看法是，不僅僅財務面或營運面，更重要的在於，第一點是否「生命價值完成在他人的安全與滿足中」；第二點是否「人生成功與快樂的保證來自共榮互利」。我們先談第一點。

●生命價值完成在他人的安全與滿足中

成功的企業的第一個前提是利他，這又可以從「企業的成功是互利不是剝削」、「企業的完成是爲社會所共享」兩個方面切入。

●企業的成功是互利不是剝削

他人是誰？你的員工，幫你生產的衛星工廠或者材料供應商，還有消費者。消費者買了物超所值、有保障的物品，得到滿足，有了微笑；你的員工覺得跟這樣的老闆、公司一起做事，不只賺錢，也展現了人格價值，共是太棒了！

剛剛到清大，走過 Google 那個商標，大家不約而同在那裡照相。我用過谷歌的東西，它眞的很有良心，從來不會佔你太多的網頁版面，提供你免費的信箱，廣告只佔那麼一點點，都不干擾你。你可以直接免費在網路上編 PowerPoint，開人家的 Word 文字檔，不用有 Word 軟體就能看 Word 檔，甚至可以免費編輯，相片放到它的雲端也免費，雖然容易不是很多，約 15G 左右。它也做一點點廣告，感覺對使用者很厚道，所以會吸引人願意在 Google 商標下照相。

其他的，就不一定了。前幾天我寫信給臉書創辦人祖克伯說：「臉書很過分，市值這麼高，但只要我不做廣告，我的閱讀量馬上降到原有的百分之一，是什麼意思啊？」網路流量是臉書的主要收人來源，支撐你的高股價，問題是流量從哪兒來？哪一篇篇文章是你祖克伯寫的？多半是我們這些和尚或網路使用者費盡腦筋的作品。剛剛傅老師說：「法師有白頭髮了。」你們看，我有白頭髮了！用了心、白了髮寫出來的文章，人家才要看，臉書才會有流量，祖克伯是利用我們的智慧財產權來賺流量財。今天我寫一篇文章，上傳臉書，臉書利用程式做演算，每一百個人只讓一個人看到，臉書一定要我花更多錢做廣告，才可能竄升到百分之五十，太狠了！你至少要增加三倍。最後我就 PS：「我是佛教衛星電視台台長，我是某某人，如果你有良心的話，請幫我這篇文章正確地翻譯給你們的高層看。」

我前幾天才寫了這封信，因爲臉書問我說使用經驗如何？我開頭就寫：「使用經驗很不爽！」眞的啊！我就感受到這個，而且他旁邊跑出來的那些廣告佔了我版頁好多面積，甚至於連在那個主頁當中都可以跳出廣告，不小心還點到，浪費我很多時間，也浪費我的流量，萬一我流量是要付費，那不是更花時間更花錢？這都是臉書搞的，然後臉書今天鎖人家資訊的流通，不是太過分了？哪有像師父我這麼凶的？我想沒有，但我是廣大的使用者請命。

企業的成功，應該是一種互享互利行爲，並不是剝削行爲，也不是耍聰明偷流量的這種行爲。應該是分享，我們寫文章賺免費流量，而你賺我們的免費知識財產進而獲益，大家互相嘛。這要有合理的比例，你砍我砍到剩下這樣少，然後你只顧賺你的，有道理嗎？這樣就不對，這樣就讓使用者極爲不爽。這樣你的企業算成功嗎？如果在那裡的谷歌牌子換成臉書，我才不會走過去照相，今天外面溫度才攝氏九度，我穿這樣有點冷，才不想冒寒風在那裡照相，可是谷歌我就願意，這是最自然的心情反應嘛。我們好幾位師父，我沒要求他們，他們也走過來照，因爲它沒有給人不愉快的感覺。你的手機，要不是 iPhone，不然就是 Android 版本。Android 是什麼？就是谷歌發展的免費軟體。它創造了全世界很多產值，但它提供許多免費服務。這兩家公司的格局大小，馬上看得出來，我們以小服務觀其大公司，看到箇中的對比，看出價值的差異，我們因此也要回頭省思自己，並策勵自己生命價值顯現之所在與完成之所歸。

● 企業的完成是爲社會所共享

接下來看另一則故事，主人翁是美國免稅大王查克費尼（Chuck Feeney），九十多歲了，還活著，他的資產約八十億美金，美國排名大概五十名以內。他最擔心的一件事情，就是剩下來四十億元要在臨死前花完，而且越快越好，他已經花掉四十億了，剩下的要在死前花完。（編者按，他如願在二零二零年花完）

他成立一家基金會，全部的都錢捐到那個基金會，他最大的目的，是在他有生之年把基金會的錢用光，然後關掉基金會，他才死而瞑目。這位富商影響影響了比爾·蓋茲、巴菲特，這些人都是擁有幾千億美金的富豪。比爾·蓋茲只留給他女兒一棟房子一台車，還有她的教育費用，給他的太太也是這樣，就給家裡兩個人而已。比爾·蓋茲大二輟學了，賈柏斯大一輟學。他們都很早輟學，賺錢賺了那麼多，居然之前是輟學不讀，當然後來他還是建議大家應該去讀大學，像賈柏斯或比爾·蓋茲這種超級天才，也許可以不用讀大學吧！

比爾·蓋茲把錢都捐了，是受到查克費尼的影響。查克費尼的理念是，上帝沒在你死亡時給你口袋，也沒在你生下來時給你口袋，你生與死的時候都是沒有口袋的，這跟中國人講的「生不帶來，死不帶去」一模一樣。人家也不需要什麼樣太高深的哲學文化做基底，他就這樣講，人家問他：「那幹嘛急著在死之前就要把它捐光呢？」他說：「因爲棺材裡頭沒有保險箱。」就是指他帶不走，意思是在他監督下行善要有效率，不可以留下餘錢，因爲世界各地這麼需要錢，要趕快用光錢。當然他有標準，也不是亂撒錢，有些人是亂撒錢的，你唱首歌給你多少錢，他不是這樣子，他眞正把錢用在需要的地方，用在刀口上。

比爾．蓋茲怎麼給錢？非洲常常得瘧疾，他用幾億支持一個法國、美國、歐洲的生物團隊，去研究一種蚊子及如何防治瘧疾的方法。瘧疾是因人類被帶有瘧疾病毒的瘧蚊叮咬而後得到的疾病，後來的研究反其道而行，這種防治方法叫作「Anti—瘧疾瘧蚊」，也就是反瘧蚊的蚊子，讓牠身上帶著抗體，當牠叮人，就把瘧疾的抗體給叮在人體裡，你被那隻蚊子叮過以後就再也不會得瘧疾了。他認爲教人去打疫苗太慢了，用蚊子叮比較快，他支助的團隊就研究這種蚊子，這小子聰明吧？果然人家賺幾百億，他就是這樣子做，這就是比爾．蓋茲的行善方式，剛開始只是個念頭，但他的心放在全世界，他著眼的不是美國，而是非洲，他有民胞物與的情懷、天下爲公的概念，這都受查克費尼的影響。

暫且不談比爾．蓋茲賺錢的過程算不算公平、合理，這點還有討論的空間，但他賺完錢之後的行爲，眞是令人讚歎、激賞和敬佩——生不帶來死不帶去，他甚至於不爲自己的家人留錢。華人常講：「積善之家必有餘慶，積惡之家必有餘殃」，一切的思維都以家族爲核心；孫中山先生說：「中國人只有家族沒有國族觀念。」所以自古以來的紅頂商人多跟權貴交結，認爲家族發達，從邏輯上來說就等於我家積善，寧可把財產累積在家族裡，不會累積在社會上，並覺得這就是善的表現，積善之家有餘慶被解讀成有餘慶之家必是積善，這個邏輯其實是狹隘的，但它卻烙印在華人的腦袋裡，結果天下為公變成「天下為攻」，是攻擊的攻，不是公家的公，這就是個盲點，我們要超越，重點在積善不在餘慶。

比爾．蓋茲賺錢的手段合不合理？當然要討論，可是他賺完之後的用心，取之社會用之社會，這是我們要學的。透過這種行善方式讓社會更祥和，這樣的企業家一定會受人敬重，這是自我完成生命價值的體現；把企業「完成」為社會所共用所共享，真的是最優美的人生表現。查克費尼做的，正是最優美的人生表現、企業家最該學的地方，西方那些惡劣的不要學，好的我們應該用力學。接著要講人生成功與快樂的保證來自共榮互利。

●人生成功與快樂的保證來自共榮互利

共榮互利之於個人、企業都是種美德，箇中的核心理念，包括「企業的價值在創造社會福祉」、「企業的獲利在自他皆共歡喜」，並分別闡述於後。

●企業的價值在創造社會福祉

企業成功的標準是共榮互利，而非無限的擴張、無限的私人獲利，這也才是企業家人生成功跟快樂的保證；企業實踐共榮跟互利，讓人得到滿足、安全與微笑，體現了企業的最終價值，企業家創造更多優質的企業，並讓這個社會共用共享它的利益，體現了企業家的最高價值。

爲了社會的共榮互利，你將減少許多私人存款？看看查克費尼和比爾．蓋茲，他們連財產都裸捐了，我們現在要想贏過他們，應該不是捐多少贏他們，那可能沒有辦法了，但可以在操作的過程當中更符合社會正義的原則。他們的操作過程是不是完全符合社會正義的原則？我沒研究那麼深，只看到他們捐款的金額及其成果，而我們可以一開始就更注重過程。

假設查克費尼賣的是香煙，使得很多人得到肺癌，他獲利後再全部捐出來，捐給醫療肺癌的研究機構，這樣是不是很諷刺？這就是生產和獲利過程當中的不公義。他生產、銷售所得的獲利，確實全部捐出來了，要讚歎，但過程不夠正義，這就是瑕疵。如果有十三、四億人口的中國，能夠發展出一套從生產分配、資金流通，到最終都符合社會正義的原則，那就贏過西方世界了。

我們有機會做得到，因爲有心靈的支撐，有足夠的佛法文化做基礎，我們拿西方的優點再加上東方的優點，視一切衆生同有佛性——慈悲爲懷、以施爲樂、以分享爲價值的企業概念，我相信一定能創造一個舉世聞名的企業新形態、企業家新楷模。這是大家共同要來完成的，我相信有機會的，因爲我們都已經看到了各種欣欣向榮的可能，接著是要起這個念頭、實踐建立這個念頭而已。我們已具足各種機會了，綜觀中國歷史以來，很少有像今天這麼好的機會，我們擁有了善的力量，拋棄過去一切不好的包袱，我們往前看，看到這些可能。

● 企業的獲利在自他皆共歡喜

這才是人生成功與快樂的保證——你的獲利是全世界的歡喜，你賺錢是全世界的期望，你的成功是全世界的掌聲，而不是一將功成萬骨枯、「我成你敗」——這才是我們最優美、可以貢獻給全世界的「中國夢」，讓全世界共同得利益。我們不會樹敵，會絕對的尊重，即便不是第一富豪，但絕對是心靈最受敬重的一方；令我們每個人從生到死、從醒到睡都很安全，很滿足以及心靈平衡，這就是佛陀所說的，在人間的「現世目的」與其「究竟解脫」兩者相結合。唯有活著的時候「了生」，死的時候才能「脫死」，了生與脫死是佛教的人生目標。

現世目的做圓滿，生命的生死目標也就能夠圓滿。它不是架空的、單一的，不談了生談脫死，只談了牛不談脫死，那是世間善法；但談脫死不談了生（生命、生活、生存的生），這是小乘；大乘兩者皆談，既談了生也談脫死，要這樣學習、修持，這才是大乘佛法的精華。

第六章

優質企業文化的建立

優質企業文化的建立

現在我們來看看有什麼可能的實踐方法？在此舉例一家完全社會企業的實踐方法，這家公司叫「護生善緣股份有限公司」，這只是示例而已，不代表你能做或應做，但總是要談一個正在做、不是想像中的範例，能不能成功，我也不知道。也許我做不成功，但你做可以成功，我發起了一個可能，你也可以用更創新的方法實踐，今天提的是個模型與實例。

三位一體的社會企業體

實業、慈善與社會正義三位一體的社會企業體，依於人性本善與心靈自覺的信仰爲基礎，以全人類的身心安頓與進步爲目標，基於合作與分享的根本原則與手段，所進行的企業文化之建構，有著與人爲善、衆所樂見的光明（相對於貪婪、無明）與永續（相對於浪費與破壞）

之特質。接下來，我要先講「社會企業」，再講「完全社會企業」。

●社會企業

什麼叫「社會企業」？「企業」（Enterprise）在國際上的定義，是有企圖事業的意思；所謂社會企業，它帶有社會主義思想去推動的企業。目前亞洲國家之中，韓國有、日本也有，在歐美的英國、法國、美國都有，這是需要國家來定義、制定政策與法規，社會企業在資本主義國家裡頭是有一定的概念與原則。

它的概念是這樣的：「將稅後淨利之一定比例撥到社會慈善行爲上的企業。」稅後淨利是指扣除所有的開支且繳完相關稅賦之後的淨盈餘，至於一定比例或社會慈善或政府相關稅賦優惠的具體內容，每個國家都有不同的定義或規定。像慈濟功德會就是一個社會慈善團體，我們成立的「僧伽林善緣慈善會」也是。

英國社會企業的一定比例定義是百分之三十。有的國家只給名稱，沒給免稅的實質利益，或可能在進口貨物或某些開銷上可以抵稅，總之，各國做法不同，但都叫作社會企業，也可以這樣解讀：在國家的一個檢查機制之下，這家企業把一定比例淨盈利捐給社會慈善機構，或者是爲公共社會所用的所謂公共機構，也就是每個股東都少了一定比例的利潤，這些利潤給了國家社會公益所用，這樣叫作「社會企業」。

這是一個很不錯的概念，已有正式的定義，不再只是道德勸說而已，但師父也不會要求你什麼，我又不是政府單位的人，只能道德勸說，鼓勵大家朝這個方向來想來做。

●完全社會企業

有沒有是「完全社會企業」？這是我給的名稱，就是一個確實是把所有的盈利都捐給慈善機構的企業──除了企業發展所需，扣除必須用到再投資成本之外，剩餘的利潤全部捐給慈善機構，一分一毫都不留。捐贈對象不一定是「善緣慈善會」，也可以給其他慈善會，比如佛教的道場，或基督教、天主教、道教道場，甚至施棺、買救濟品等；端看時間、因緣及社會環境的需要而捐而用。

在一般民間，這種「完全社會企業」是不存在的，如果利潤全部捐給慈善機構的話，企業家賺什麼？當然不可能！爲什麼今天居然會存在？是因爲師父，我吃佛祖我不吃事業的，我不用賺錢過日子啊！我是和尚，那錢從哪裡來？我去找有錢人化緣。我化個差不多十個新臺幣一百萬元，總共一千萬元，金額不多，剛開始只是這樣的目標，我是實踐派，先做再說。

找十個人來，每個人捐新臺幣一百萬元，不要太多人，人多嘴雜，每個人捐一百萬元，願意捐兩百萬元也可以，但一律平等，不是捐得多就變成董事長，然後，成立一個股份有限公司，再要求這些股東簽一張法院證明書，證明股份再捐給師父們管理的一個慈善基金會。換句話說，最終這家公司透過股權的轉移行爲，眞正的法人是「慈善基金會」，不是我。因爲師父可以換，法人的管理者可以換，當然也可以規定管理者必須永遠是出家師父，這可另外再規定；這家公司本來是居士們發心捐錢成立，經過法院公證後，就變成了一家以慈善爲目標的企業了，以後一切盈利全歸慈善會，無任何私人賺取，慈善會再把這盈利拿去做慈善事業，也就是完全捐出去了，所以叫「完全社會企業」。

臺灣有類似的社會企業，做到「完全社會企業」的，大概僅有一、兩家，但像我們這樣明白規定，正式對外集資並由法院公證捐款，也許絕無僅有。比如，有的是企業主個人捐錢，成立一個基金會，名義上交給基金會，或者他自己或親屬就身兼基金會負責人，這其實還是「一條龍」，但我不經營公司，頂多就是顧問及創立者而已。我只是名義上的最大股東，因爲有些居士捐錢不掛名而讓師父掛名，其實都是居士捐的錢，我只是顧問，告知經營者及有緣大眾有關公司的中心理念、經營方向，必要時給予建議與指導，並沒有實質經營公司。

有人會問是不是師父怕沒錢蓋廟，所以開家公司來賺錢？我告訴你，公司初成立三年大概都在虧損狀態，怎麼可能賺錢呢？何況賺的是蠅頭小利，若要用來蓋廟，根本來不及，不如化緣還比較快。我們這家公司的營利，不是爲了拿來建廟，是爲了永續實踐社會慈善，重點在永續。爲什麼要永續？因爲如果沒有一個經濟體，永遠跟人家化緣，用出家人身分化緣得來的錢，拿去救旁人，有些人會覺得不高興，因爲這些錢不是用在佛教上面，「那個窮人終究不是出家人，我給出家人修功德的錢，幹什麼拿去給窮人用呢？」有的人會有這樣的分別。建廟就不同，建廟功德永遠在那兒啊！這叫專款專用，不能混淆的。

師父行菩薩道，又要幫助社會窮人，出來登高一呼，確實比較有用，人家願意相信。可是，我不能老是登高一呼啊！我有白頭髮了，還能呼多久？所以要的是永續經營。人有來去，重點在於建立制度之外，還要建立一個資金不匱乏，永續自轉的功能，這叫「完全社會企業」，完全化並不是出家人做生意，而是讓有良知、有專業的在家人去營運、做生意。

你問：「所有利潤都沒有了，難得在家人不用吃飯？」所以，這不是一般企業家能做的，我找的募款對象，都是已經在企業或生活當中有一定程度穩定的人，捐一百萬元對他來講一點困難都沒有。我用慈悲行善的觀念跟他化緣，講白了錢捐出來就是有去無回，同意的話再捐，他們還是爭先恐後捐了，大概一個禮拜就湊足一千萬元，接著半年內就籌備成立公司，叫作「護生善緣股份有限公司」，已經在販賣產品了。賣哪些東西呢？上網站看就知道了。

在說明社會企業、完全社會企業之後，我們接著要講「實業、慈善與社會正義三位一體」、「依於性善與自覺爲信仰」、「以人類身心安頓爲目標」，以及「建構善與光明社會文化」等概念。

● 實業慈善正義三位一體

接著要講「實業、慈善與社會正義三位一體」的概念，實業就是企業，要賺錢的，慈善是花錢的。實業需要注意社會正義，就是買、賣、生產環境、利潤等等都要符合公平、合理的原則。比如剛講的護生善緣股份有限公司，股東錢捐了有去無回，員工得發公平、合理的薪水，而且目標是希望比照科技公司的高薪水平，現在暫時還無法這樣做，我希望能早一點走到那一步，但也急不得。

行善不代表你窮無分文，你拿出善心，對公司用心做事，讓這家公司能公平正義的賺錢，公司也要給出一份薪水，這合情合理。只是成立初始階段，實在是創業維艱，大家都沒經驗，先做看看，所以起薪大概新臺幣三萬多，以今天臺北的生活，不是很多，但也不至於太低，還算照顧到社會年輕人。有的年輕人學佛了，不想進入一個世俗的事業，賺老闆或私人的因果錢，想把生命的價值、賺錢養活自己，以及學佛行善三者結合，這就是我希望這家公司讓有心的年輕人來做的原因之一，兼做實業和慈善——就用實業的盈利做慈善。

這家公司在生產上也要落實「社會正義」，比如，我們有種產品「滿州黑豆」，產地在臺灣最南邊恒春右邊的滿州鄉，離高雄約兩個小時車程，很偏遠的地方，有些臺灣人還不知道這個原住民的保留區的滿州鄉呢。我曾看到報紙刊登，滿州鄉居然是全世界自殺率最高的，這眞令人難過。我有一個千華寺道場在滿州，而滿州居然自殺率世界第一，那千華寺實在沒面子！我問爲什麼，結論是滿州人口少，母數少，百分比相對高，兩個人中一個人自殺，自殺率就百分之五十，所以光看百分比無法客觀反映事實，但一般普遍就這樣計算。

不過，這讓我起了憂患意識。那時我已經在做慈善事業了，就跑去跟鄉長說：「讓我們來發展地方產業好不好？」鄉長因選舉官司纏身而無心，我講了半天，結果公園處官員以及地方發展協會的人通通都來了，人人望著鄉間的經濟蕭條都束手無策。談了半天不見效果，我就走出去，正巧看到對面的農會，臺灣的農會發展得不錯，但那裡的農會鐵門關了一半，原因是當地都休耕、不種田，由政府補助農夫一分地新臺幣七千塊，一分地就是五分之一畝。於是，我找農會提議發展地方農業，農會的人回說：「你可以到處看看嘛！」我看到黑豆，問道：「這個豆子不是很好嗎？」他說：「那是綠肥。」我說：「豆子怎麼拿來做綠肥？」他說：「沒辦法啊！沒人種啊！這原生種的。」原生種？我覺得很好，就跟他談好找人賣，接著找居士：「你幫我賣啦！幫我弄黑豆豆漿看看。」

我寄到臺北給那些太太們，請她們把黑豆打出來，做成黑豆豆漿、黑豆豆腐，有人吃了覺得不錯，剛開始有了一點兒小市場，後來居然有生機公司說要買一貨櫃，這時才開始量產黑豆銷售。從開始銷售到現在，價格已經調漲一、兩次。我同意在合理範圍內漲價，是因爲我去看農民種植，一分地能種出來的產量很有限，又不能夠撒農藥，所以必須要在一定程度支持在地種植，確保農民的利益，這就是我所強調的「社會正義」。

反過來說，要維持公司營運成本，得跟消費者說：「我們的產品天然有機，生產量不多，但對你的身體很有幫助。」吃這個東西不敢說百病蠲除，但有白內障患者吃一段時間好了，有白頭髮的喝一喝頭髮翻黑了，有晚上睡不著的喝黑豆茶好睡了；因爲黑豆固腎，腎屬水，水起火降，水火交融。還有好多日本人，一下子來買了好幾箱帶回去，日本人說：「眞的太便宜了！」

為確保生產的「社會正義」，我們讓消費者漸漸瞭解，花多一點錢買我們的好產品，是值得的；由於你長期的支持購買，不只照顧了公司的永續營運，還幫助了相對弱勢的農民，讓他們有自信、有了命的自我感。我們告訴消費者，我們只是賺取合理的利潤。十個之中有五個願意聽就夠了；即使過程辛苦，但做對的、正義的事，值得一往直前。

● 依於性善與自覺為信仰

進一步解析「實業、慈善與社會正義三位一體」，其根本是「依於人性本善與心靈自覺的信仰為基礎」，這信仰依循著佛性、緣起、善的召感作為基準。關於社會正義、推行慈善，凡對的事，不論結果，努力去做就是了，這是我的信仰。

我們一生當中，做過多少錯事？過年時跟朋友拚酒，喝完一言不合打架；看到那個人心裡不爽，人前人後講人家壞話；跟這個人沒感情了，說分手就分手。這些都是傷人的事，我們還不是做了？今天好不容易有個對的、對大家都好的事，還猶豫什麼、擔心什麼？我們都不是聖人，要勇於面對、承認我們曾經有的過失；學佛的人應該勇敢去做對的事，這才是眞正的信仰、有力量的信仰。

● 以人類身心安頓爲目標

在堅定信仰、相信信仰的力量之後，接著要「以全人類的身心安頓進步爲目標」，我賣這個東西，非基因轉殖、沒有農藥、檢驗合格，而且是原生種作物，有益人的身心健康。即使只是一顆黑豆，但我們要賦予它巨大的意義。

所謂「民以食爲天」、「萬病從口入」，我們的健康與疾病都是從口而入。華人烹飪常用醬油，你要選擇殘害自己，吃那種化學藥品製成的醬油，將來再用一大筆錢來照顧醫生的生意？還是平常多花一點錢，買天然無毒且能幫助你身心安頓的原生種黑豆醬油，來確保自己和家人的健康？當我們清醒、理性的時候，當然要選「可以照顧好自己的身體、吃得健康安全的食品」。透過合作與分享的原則和方法，製造出安全健康的食品，供消費大衆安心食用、吃出健康，這就是我們對社會進步做出的貢獻與承諾。

至於前面提到的合作，就像農民會種不會賣，我們幫他們賣，要幫他們賣出對人身體健康有好處的東西，所以要求他們不要用化學肥料和農藥。當農民這樣配合而產量相對減少時，我們就要提高價格跟農民採購、契作，以平衡他的種植成本，這就是合作和分享的觀念。也因爲這樣，我們也會希望消費者多出一點錢跟我們買，告訴他們其實是在做利人利己的善事，讓我們拿盈利去行善，幫助到地方農民生計，而且有利於消費者健康，也許只多花百分之二十的錢，買我們的產品，既幫助了農民，也幫助了自己，眞的是多贏的局面，甚至透過做這樣的善事，來建立他們的人生價值，進而誘發他們去做更多各種不同的善，幫助更多社會苦難的人，也間接幫助了國家，增進了社會的公平與詳和。

企業做爲前行者，引領大衆的消費習慣，雖辛苦但有價值，別人正在看你會不會成功，成功了，才敢跟進。你的成功，將形成社會潮流，你就是開山始祖，一切功德因你而起，這是大乘佛法的「修諸功德」——根本引領改變的手段。

● 建構善與光明社會文化

在根本引領改變之後，將有助於「所進行的社會文化之建構，有著與人為善，眾所樂見的光明。」於是，你賺錢，大家都樂見，因為你越賺，將引領帶動社會的善會越多。所以，你看一般人家企業在賺錢，常常被人酸溜溜的說：「噢！他們很狠喔！賺眞多，還轉投資，有錢的就越有錢囉！」但這種顧及社會正義和福祉的公司不會，它越有錢，它的功德越分享給全世界，越成功代表著人性越光明。有更多這樣的企業，那有多好啊！我們一起來努力看看好不好？

相對於「貪境跟無明」，它是光明與眾所樂見的良心企業；相對於「浪費與迫害」，它是維護社會環境的良心企業。像這樣的企業，是大家應該做的。

案例：護生善緣股份有限公司

僧伽林善緣慈善會，由台南市楠西區僧伽林萬佛寺法藏和尚，於二零零九年發起，結合全國慈善志工，透過與各地方政府社會局合作的方式，以在地化經營爲主。旨以大乘佛法的修行理念，依自利利他、隨緣隨力的精神，自發無私的長期關懷並協助弱勢家庭（下稱「善緣戶」）。將善心會員們的各類資源（金錢、濟助物資與慈悲柔軟之關懷），做最有效與最直接的運用於救助志業上，並藉此漸漸影響社會風氣。

●公司成立緣起

以不忍衆生苦、謙卑行慈善、心靈提升爲目的的慈善事業體，作爲企業的母體。以企業化公司經營，讓慈善事業的經濟來源得以自轉，同時亦不擠壓其他非政府組織的經費來源，並避免慈善組織過度龐大化而有變質之虞。

剛開始因爲我成立一個慈善會，這個慈善會是不收錢的慈善會，爲什麼？因爲我發現收錢很困難，而且收你的錢，若隔兩天才交給苦難的善緣戶（我們稱「善緣戶」，就是所謂的低收入戶或者是弱勢家庭）。這當中，錢還要多放兩天，甚至於兩個月、兩年，孳息怎麼算？還要作帳管理，有好多費心的事要做，所以就想找一個不用預先募錢的方式行善。

怎麼做？社會局給我一個弱勢需要協助的案源，評估一個月要新臺幣五千元，於是我找了五個人，每個人一個月出一千元，就跟社會局簽約關懷資助他十二個月。這些善款不用給師父，剛開始只是引導跟社會局接洽，然後在志工團隊中找一個人擔任主聯絡人，負責各關懷小組成員的聯絡溝通，然後每一組組長帶著五位志工，每月定期去關懷善緣戶。（運作細節，請詳閱附錄內容）。

師父只做政府與慈善會的撮合者，善款組長現場收完錢，直接交給受關懷的善緣戶，也就是救濟戶，並請救濟戶簽個名以資證明就好了。師父只牽線，沒有管理或所謂資金龐大的問題，這樣很好，可終究還是會遇到困難，比如，萬一這五個人當中，有一個人捐不出錢，怎麼辦？師父就自掏腰包，先給這一區的組長或聯絡人預備金約三、五萬，讓他去分配。

原先想法很簡單，只要居士去行善，就會看到人間多苦；你們體會苦，心就會柔軟、感恩，就會用功修行。你不親身看到人間的苦難相、苦惱相，只在那裡讀佛經，再怎麼讀都不會感動。沒看到苦，說修行都很難，我的用意只是帶居士修行而已，以慈善之名行修行之實、行解脫之目的，因此願想成立慈善會。

我的要求很簡單：你不是高高在上給錢，苦難的人是老師，他用身心的苦難，展現生命苦難的樣貌，讓你學會了苦難是什麼，惡因惡緣將會召感什麼，以及一個苦難的人堅強活著的勇氣是什麼；也讓你知道，自己有多幸福，要多感恩這個社會；這些苦難的家庭，讓你有機會看到人間種種，所以一切有緣被你幫助到的人，都應該視之爲老師。

我們去善緣戶那裡，他們本來自覺卑微，但都感受到很被尊重。所謂「富在深山有遠親，窮在都市無近鄰」，窮人最窮的，不是窮錢，是窮那應有的人際溫暖沒有了，被這個社會隔絕而感到害怕孤苦，我們給的，與其說是錢，不如說是人性應有的尊重、溫暖和照顧，這是成立佛教慈善會的根本價值所在。

到現在，僧伽林善緣慈善會已經做了七年，我用一年的時間訓練志工居士，到北、中、南、高的各區分會教育會講這個道理，內每年舉辦一次全臺灣的教育會，宣導行善的理念與態度。慈善會志工在社會局的評價很高，社會局一希望能長長久久做下去，因爲志工居士們展現出佛教徒溫柔、慈悲、貼心、謙卑的內涵，讓許多受幫助的人眞實感受到原來生命可以這樣的光彩。

幾乎每一家善緣戶，後來都變成佛教徒，因為他們都被這些佛教徒、志工居士們的誠意善心對待而感動，於是他們也發心：「我要成為佛教徒，將來有力量了，也要去幫助別人。」甚至於小孩子長大了，媽媽要求他：「做善事多好！你要去讀社會福利學系。」有的是自己選社會福利學系為第一志願，希望能幫助更多社會上弱勢的人。這不是我們要求來的，是被感動來的。

這樣的模式運作了一段期間後，社會局很感動也很感謝，並渴求我們：「可不可以麻煩你們再多做一些？」但我們沒有長期固定的資金來源，就是請這些薪水階級的居士們，於關懷當天捐一點錢，每個人一個月自願隨喜一千、兩千元不等，因為不預先募款，當社會有更多苦難的人需要、要求我們多幫忙時，卻沒有多餘的善款。又每年北、中、南、高四區開會，都要各區自己湊錢舉辦，還有些公共支出，不是臨時可以湊到，也不能老跟某某居士化緣，怎麼辦呢？這時我遇到了剛才講的滿州黑豆，同時思考到食安問題，於是結合兩者，以行慈善爲目的建立企業，自力賺錢來支撐慈善，而不用佛教的角度跟人家化緣。

爲什麼不用佛教的角度跟人家化緣？有兩個原因。第一，不讓社會形成佛教一天到晚跟人家化緣的固著觀念。化緣對學佛的人沒問題，他們知道那是供養，是修福報；沒學佛的人可能會覺得你在撈錢。第二，臺灣已經有很大規模的慈善機構，用它的組織方法收善款，但每個人口袋裡能夠行善的金額有限，今天給這個大單位收走了，對那個無名聲的小慈善機構，就沒辦法再給了。結果弄得臺灣有一些沒有宗教色彩的社會慈善機構，想要行慈善卻募不到善款，資源被擠壓了嘛，尤其在經濟蕭條或等待復甦之前，人們會害怕不安進帳減少，不願意多捐錢，這時更加擠壓到其他非宗教的慈善團體。況且天下苦難的事千百萬種，不可能由一個佛教單位來做盡所有的慈善事業。個人願力不同、專業不同，不宜也不能集中善款到某個佛教單位；佛教從來就是與人爲善的，更不需要這樣做。我算有點兒影響力了，如果我再去化緣，那不是更擠壓到別人嗎？

我不想再這樣做，又希望行善，我想兼顧「不要有錯誤觀念，不要產生擠壓效應，要能夠長期進行」這三點，並將衆生健康、飲食安全，具善意且正義的社會企業，一併引入到慈善事業團體，將實業、社會正義、慈善合成三位一體，於是成立了「護生善緣股份有限公司」，還保留善緣慈善會的「善緣」兩個字。

●公司成立的使命

．解苦難與怨氣，以祥和社會。
．為國家社會修福積德，以護國佑民。
．為個人修福積德，以成就解脫之基礎。
．自利利他，以報四重恩（父母、國家、眾生、三寶）。
．在居士與僧團之間建立一個以解脫道為根本，以人天道為方便的佛法修學平台。

歡迎有緣見聞的全國善心人士共結善緣，成就彼此的慈善修行，並常介紹給週遭的親朋好友們。祈望連結更多良善的心念和行動，源源不斷地流露到整個社會中，令這個世界更加的純善與美好。我們是抱持這樣的理念在做，甚至於感染許多人也願意來學佛。

公司成立的精神與態度

成立的精神

計有募心不募錢、施暖不施憐、隨力並隨緣、行動勝語言，以及修行在當前等五項，並分別說明下如下：

以下分別說明：

㈠募心不募錢：行善是隨個人的因緣與力量，或出錢或出力，兩者的價值完全平等。雖然金錢的支持很重要，但在相信有善願就有善緣的佛法概念下，重點不在有形的金錢或物資，而在無形行善——心存謙卑、歡喜與柔軟；重點是募心，沒錢也可做善事。我們堅信行善是人類的本性，不應該因有錢沒錢這個短暫因緣而不去行善，行善不是以錢爲前提，而是以心爲前提。所以我們慈善會自己去賺錢，你不用擔憂錢，來行善就好，這是很重要的觀念。

㈡施暖不施憐：行善就像我們的呼吸一樣自然，隨時隨處用一顆眞誠、感動的心在做，而不是以高姿態施予、視弱勢者爲可憐；應視善緣戶爲我們修行的老師，是他們以生命的苦難困頓，來對我們示現人生的無常苦痛，因此我們學著以眞誠、柔軟、謙下的心，透由物質的提供，來將溫暖、友情及社會的關懷，奉獻給我們生命的老師。

我說過，我們是溫暖人的心，尊重他是我的老師，而不是施予可憐，這點很重要。行善不要做第二次傷害，當然苦難必有苦難的原因，失敗必有失敗的因緣，但我們不管他過去的失敗，只管他的現在和未來。我們不是去做生命的指導者，而是生命的關懷者；我們不去扭轉他的生命樣態，而是感動他的生命內在。他就能自己改變自己，這是我們行善的根本原則。

㊂ 隨力並隨緣：以內在自我修養爲基礎的慈善行，其推廣的目標，是要讓每一個人皆能隨時、隨力、隨心願、隨因緣而行善。行善並不一定只能用錢，或者是要有特殊的或大的組織、身分、地位，乃至特定的宗教信仰，希望能在沒有過多不必要約束與壓力的情況下，讓大家都能發自內心的歡喜而投入行善修養的行列。行善就對了，不要擔心錢，隨力也隨緣，有善心善行，不用錢都沒關係。

㊃ 行動勝語言：若只有「坐而言」或「純粹繳交善款」的行善方式，並無法引生有力的修行力量與善法因緣，所以要勇悍而歡喜地投入實際的行善行動，親力親爲，親手布施，數數行善，不疲不厭。眞正於實境行善對應

中，照見自己的我執、我慢，與不耐、不足，從而漸次柔軟、謙下自己，厚植清淨之願心與無我利他之德本。不要光坐在那裡講我們佛教徒「眾生無邊誓願度」，結果你什麼都沒做，一天到晚喊這句話，你就實際去做嘛！我們講行動勝語言，要這樣才能感動人。

㊄修行在當前：我們於慈善會訪視關懷時，即使面對善緣戶或其他人的拒絕、誤解、嘲諷、傷害，甚至過度的要求時，應學會做修行消業想。若瞋惱現前，當下應警覺：此是功德之考驗與莊嚴，也是自我心性的修練！當提起無我正念，生慚愧心、柔軟心，而不生一念退卻之心。

什麼是當前？當你到人家家裡，若起了第一個念頭「哎呦！髒兮兮的！」「哎呦！裡頭有一隻癩痢狗。」「哎呦！老婆婆十個月沒洗澡了，我怎麼敢過去？」這時候，你就要能看到她就是你的父母、你的老師。有時候，苦難的人必有苦難的顛倒相，她會很傲慢不要你幫助，講話也會很兇悍，因爲她自我防衛。這時候，你要慈悲、要調柔、要溫柔、要謙卑，你要心存來看她如同來看父母、看老師，那現在你來看一看，想一想你做得來做不來？這是不是修行？是不是要有這個對象來調柔你的心？這就是「修行在當前」。諸位！你們是社會的菁英，一定要做這樣的引導，這個社會將因而有不可遏抑的成功和光明，眞的！

● 行善的態度

行善的態度有二，一是隨力隨緣作，二是作而無有作。說明如下：

㈠隨力隨緣作：隨個人的因緣與力量，或出錢、或出力，兩者的價值完全平等。重點不在有形的金錢或物資，而在無形的行善之謙卑與歡喜之心（所謂「募心不募錢」）。讓每個人皆能隨時、隨力、隨心意、隨因緣而行善，行善不必只用錢，不必大組織、不必特殊身份地位，不必約束力、不必有壓力。（所謂「隨力並隨緣」）。鼓勵全家一同行動，努力將善的意念與做法，運用各種方式與機會傳遞出去，讓更多人一同來加入行善的行列。

㈡作而無有作：善要從「小善」開始做起，一切符合佛法修行的行善經驗，也是從身邊小處做起的。我們不用問以後要如何發展？只要當下好好用心做。正行善時，我們要如是自問：我有在「做善事」嗎？沒有！我只是在報恩，跟眾生結好緣而已！我只是希望將自己即使是很少的快樂，真誠無求地分享給那些遭遇人生苦痛的人，令他們也能感受到溫暖、不匱乏而已。做完，除了某些「技術性」的情況或許可以再檢討改進之外，其他一切，乃至「感動、不感動」通通忘了。

公司成立的目的

透過正義、合作與分享的手段，以保護生態、照護生活、養護生命爲宗旨，以使慈善事業所需之經費得以自給自足，並藉此模式建立多方利益之社會企業新典範。保護生態、照護生活、養護生命這三部分，說明如下：

保護生態

基於愛護土地、感恩自然的心情，我們在生產產品的過程中，除了注重消費者的健康，更以環境的永續發展爲優先考量。透過對各項環節的嚴謹把關，不僅在生產過程中盡量降低對環境的傷害，更關心當商品交到消費者手中，被使用消耗時也能不產生過多汙染與環境負擔。

● 照護生活

除了以健康、環保、節能的產品，使消費者享有好的生活品質，也將「提供良好工作環境」視爲公司的使命。不僅要照護員工的生活，更希望在良善環境的薰陶與潛移默化之下，使員工的心靈層次有所提升。透過健全、合理、開放的制度，讓更多優秀、有理想、而資源尚不豐足的年輕人，在這塊溫暖、熟悉的土地上厚植根基、成長茁壯，懷抱著正向的態度、熱切的理想與共同的目標，一起爲腳下這塊土地努力。照護的對象，包括員工、合作的供應商，以及我們的顧客、消費者，都要照護到他們的生活健康。

● 養護生命

僧伽林善緣慈善會——是法藏法師於二〇〇九年發起，結合各地慈善志工，所組成的民間慈善團體。基於大乘佛法的修行理念，以隨緣隨力、自發無私的態度，透過與地方社會局的合作，長期關懷並協助弱勢家庭。

為什麼叫作護生？有三個護：「保護生態」、「照護生活」（照顧與支持、護念生活）、「養護生命」（養護你生命中的佛性，把它養大養莊嚴了，行善就是最好的養護）。「養」有滋養、長養的意思，行善是滋養生命、長養覺性的最好方式。

透過將護生善緣公司的營運利潤，交由慈善會作為公益用途，讓慈善會得以永續經營，讓生產者享有好的工資報酬，讓消費者取得安心的商品，讓年輕人有發揮的舞台。期許公司成爲社會企業的標竿，於社會形成一股安定的力量，帶領社會的環境發展，走向更美好的未來。這家公司雖然賣產品，其實是賣善心、賣的是社會無盡的關懷。這個叫作「養護生命」。所以進到這家公司，或跟這家公司有關的行銷人員，都必須要瞭解這個道理。

保護生態、照護生活、養護生命，都有一個「護生」，中間這兩個字都是護生，所以叫作「護生善緣」，因爲它以善緣發起的。

● 公司企業理念

護生善緣公司的企業理念，是創造出一個具有促進「健康生活、無毒環境、在地農業、慈善淨心」功能，符合

「保護生態、照護生活與養護生命」等護生精神，以「利益回饋社會大眾、淨化企業存在價值」爲目的的生活消費平台及工作環境。企業存在的社會價值是以這個爲目的的生活消費平台以及工作環境。

● 公司組織運作

以股東的全數回饋股利作爲在地化社會慈善、宗教供養之用爲基礎，在創造公司利潤的同時，亦將利潤公平合理地分配給生產（農民生產）、銷售（銷售員）、自己的員工，以創造最大的小康，和均富的社會爲目的。

我們說均富小康而不說大富，因爲大富又怎麼樣？大富了，你晚上睡覺也是只用一張床、一條棉被而已，若掛掉了，也是用一個骨灰罈子而已，還能怎麼樣？生不帶來死不帶走。一個國家社會眞正的目標，並不是大富的社會，而是一個均富、小康、有尊嚴的社會，這也就是我們的目標。善緣慈善會因爲有佛法，我願意教導居士們來行善；爲了讓行善的資金能夠自轉，我成立了護生善緣股份有限公司。

護生善緣股份有限公司有兩大正義，第一種是「環境正義」，基因改造與非基因改造的農作物，會違反自然法則，破壞生態平衡，及危害人體健康，所以維持種植原生種作物，保留原生植物的基因，拒絕農藥化學藥品傷害環境，維持生態平衡、增進人體的健康，就能把持一個萬物皆得利益的環境正義，這是一個企業該做的事情。另外一種叫做「社會正義」，社會正義是怎麼樣呢？第一、我們銷售有良心的商品，我們不做騙人、傷人的產品賺取利益。第二、產銷要均衡，我們不壓抑生產方，銷售方，他們也得一定的利潤。無論是消費者、生產者、經銷者、社會員工、公司員工，通通很公平，不會老闆賺到翻，員工只賺一點薪水，還賣命地幹活，賣掉他的人生幸福，不能這樣子。

這是一個小康目標：大家生活安穩、社會祥和、心靈能夠富足，且因爲行善就更心靈富足。從結構圖的正中央看，這家公司是安全無毒有機、支持地方農業、個人生計能夠維持、振興國家的經濟、體現企業的價值。

● 公司展望與挑戰

在三護的宗旨下，如何改變消費者的觀念，滿足市場需求；同時在非私利的擴張下，如何深耕「善」的力量，以擴大公司的規模至跨國企業，乃是一項長期奮鬥的目標。

■ 公司組織運作結構圖

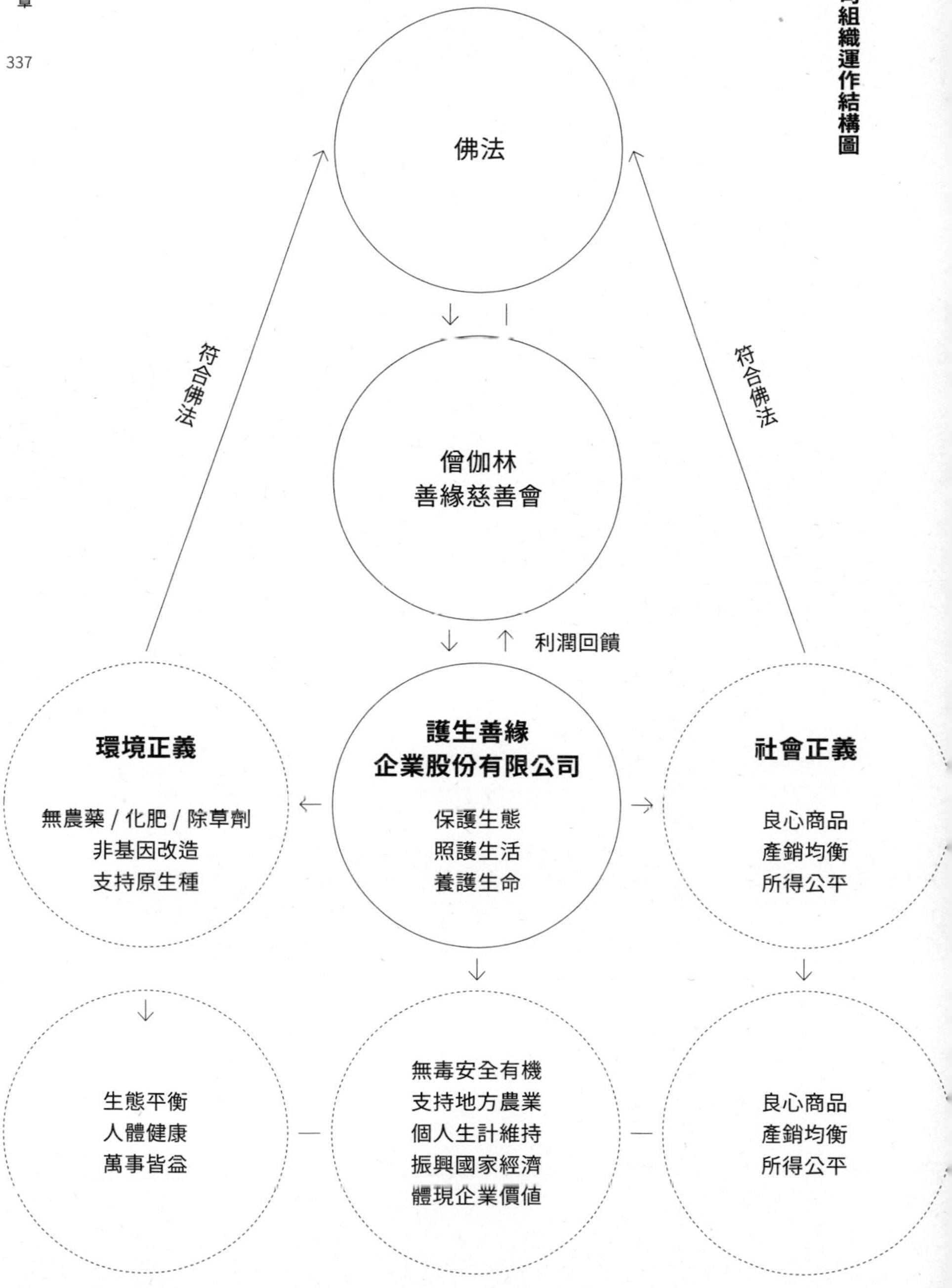
佛法
符合佛法
符合佛法
僧伽林
善緣慈善會
利潤回饋
環境正義
無農藥 / 化肥 / 除草劑
非基因改造
支持原生種
護生善緣
企業股份有限公司
保護生態
照護生活
養護生命
社會正義
良心商品
產銷均衡
所得公平
生態平衡
人體健康
萬事皆益
無毒安全有機
支持地方農業
個人生計維持
振興國家經濟
體現企業價值
良心商品
產銷均衡
所得公平

附錄

善緣慈善會的精神與實施要點介紹

善緣慈善會的精神與實施要點介紹

善緣

㈠組織內各會員間的「善共事緣」，即全國志工會員彼此之間，以及各區分會聯絡人之間甚至與導師之間，大家同心、同德一起來行善。

㈡與善緣戶開的「善六度緣」，即會員與「善緣戶」之間所結善因緣。善緣戶用他們生命的苦難來告訴我們有多幸福！看到他們面對苦難生活的勇氣與堅強，是令人敬佩的。這是一個給予我們了解生命樣態、感恩我們所有的可貴機緣。所以我們與善緣戶之間，其實是互相成就的。

㈢與政府相關人員及尚未加入的有緣人之「善佛法緣」，即會員與社會局的社工等上上下下人員，乃至與一切相關的協助人員或聽聞此事而尚未加入的人，所建立起的法緣。不只是公部門需要我們民間力量的協助，我們也需要社會局的專業支持，因此這份清淨的善緣，是彼此的支持、信任與互助而成就的。

所謂「慈」，乃是指給予如上三類對象歡喜、安樂的利益之意。所謂「善」，乃是指世間善與出世間善兼舉、互成之意。所謂「會」，則是指諸上善人共會一處之意。

覺性的甦醒

有能力的、富有的人，對社會上的弱勢天生就有照顧與協助的責任，所謂「取諸社會用諸社會」，投入對弱勢的關懷，正是身爲佛教徒不可旁貸的承擔！這不是責任，這是身爲佛教徒的自然反應，是佛教徒心中「善」的自我呼喚，是佛教徒內在覺性的甦醒。

心靈的友伴

關懷「善緣戶」要做的是關懷、聆聽、陪伴、支持，是情緒的支持者，也是友伴的關係，讓他們感覺不被社會排斥或邊緣化，從而感覺生存有意義和價值，並給他們力量。我們自身態度穩當，與他們建立良好的關係，他們才比較容易接受我們的善意，所以要去看到他們的優點，進而給他們正向的鼓勵與肯定，讓其光采散發出來。我們貼近他們的生命，做他們心靈的友伴，此時不一定要改變他們，亦不須做一個問題的解決者。

行善的價值

㈠ 學習達到本會成立「緣起」之精神目的，從而完成個人生命的意義與價值。

㈡產生知足感恩、惜福好施、樂觀進取、積極行善與及時修行的人生態度。

㈢無論是世間法還是出世間法，自己都是最直接的受益者。

㈣藉由慈善會的運作，可具體向僧團學習佛法的運用道理與方法，從而能將佛法實際活用在生活與修行之中。

㈤帶動周遭親友及下一代一起投入行善，以陶成實踐與大乘解脫的人生觀。

資源的運用

不約定志工繳交會費，而是由所參與各個案的關懷人員當場自行隨意捐款，並直接將善款全數用於個案。此運作模式不僅使組織之會計管理成本降至最低，同時將善款之運用與管理高度透明化，讓來自善心會員們的各類資源和善款價值與功能發揮到最高，做最有效的直接運用。

良善的循環

善緣慈善會團體以及各區分會聯絡人，跟社會局必須建立一個足夠長久而深刻的信任感，所謂信任感是從眞心誠意的善交流而累積出來，當彼此的信任和善交流達到相當程度的深刻化之後，我們與社會局相互合作的溝通空間更大，運作也更加順遂。再進一步要體認的是，關懷善緣戶的善行動，要一代一代往下傳，人間還有苦難，善緣慈善會責無旁貸，終不間斷關懷。如此，綜上三者（社會局、善緣慈善會、善緣戶）的良善關係就能夠長期「善的循環」下去，以期能做到讓善的深刻化交流和永續傳承，並能感染社會人心、提升人間良善氛圍；最終期許能從臺灣影響到中國大陸，乃至影響全世界。

心性的修養

關懷弱勢，是人性的共通光明面，而謙卑、感恩地面對受關懷者，更是善緣慈善會的志工們最重要的學習功課。行善是人類最自然不過的「天性」，它的實踐應該像空氣一樣，不需要大張旗鼓，也不需要大資本、大行動、大集團，甚至無關乎金錢與宗教信仰。讓行善成爲你生活的一部份，是你生命中最自然不過的事。我們要謙虛低頭向「善緣戶」學習，而不是趾高氣昂去可憐、幫助他們，因爲他們把自己生活遭遇的現實告訴了我們，豐富我們的生命、視野，人生，讓我們學習到不同的生命對待方式以及如何解讀人生，所以我們要用謙卑，學習的角度去看待他們人生的故事。

善緣慈善會組織運作及職責

●組織運作

慈善會不設總會，由僧伽林楠西萬佛寺僧團的師父指導與推行，以本會名義設立的各地區分會爲主要組織單位，各分會以低度分工及在地化獨立運作之模式，推行會務工作。惟各地區分會之精神、宗旨、行善態度等，率由萬佛寺僧團給予制訂與指導；其組織結構、組織精神乃至運作模式與流程等，原則上亦由萬佛寺僧團師父給予建議與指導，惟各分區或有依在地化之特殊需求，則可視實際需要向指導僧團提出適當的修改建議。

各分會之重大決議事項，及超過權限範圍之特殊事宜，須由各分會主聯絡人，轉請萬佛寺僧團負責師父核定、備查，以期能維持原始創會之宗旨與精神等。各分會之會務運作，採行「合議制」，在自主範圍內的最高意見組織爲「核心幹部會議」，爲各分會工作的主要推動核心單位。會議成員由主聯絡人、聯絡人與分組長（或副組長代理）組成，共同決議各項會務運作，除當作成會議紀錄存查以做未來參考所需外，並轉知所屬行善志工會員遵行之。

爲順遂推動會務運作需要，故設立組織分工職務，各職務幹部成員，純依個人發心擔任，以志願服務會員大衆及聯繫、處理分會各項會務行政事宜爲職責，各司其職，並且相互輔助、互爲代理。本於佛法無我爲公及合議制的精神，各幹部間只有權責分工的名義差別，並無本質上地位與階級的分別及隸屬關係。但爲顧及組織之順利運作，在必要時，則仍不得不有依於職責的不同而存在的權力先後關係。所有幹部成員之任期，最短一年，最長則視個人及團體因緣而定。

核心幹部組成與主要職責

●主聯絡人：一人。

- 對外代表各區分會。
- 向僧團師父和公部門進行接洽事務。
- 任各類「核心幹部會議」之召集人。
- 與聯絡人共同保管「補助基金」。
- 將「補助基金」作成簡易現金收支帳冊備查（可責由適當人選負責之）。

●聯絡人：二至三人。

- 爲主聯絡人之職務代理人（可排列順位）。
- 出席地區分會各類會議，並輪流擔任會議主席。
- 與主聯絡人共同保管「補助基金」。

●分組長：五至九人。

・帶領組員至個案家進行關懷。
・負責訪視紀錄之填寫與回送。
・發布分會訊息轉知各所屬會員。
・出席地區分會各類會議，並輪流擔任會議主席。
・執行主聯絡人、聯絡人及核心幹部會議所決議指派之各類工作事項。

●副組長：由各組組長委任一至四組員擔任。

・爲組長之職務代理人。
・開會時應隨組長列席觀摩、實習。
・輪流擔任會議紀錄人。

訪視的運作

㈠ 封閉式：先由主聯絡人向當地政府公部門取得適當個案，之後召開核心幹部會議，就個案的屬性及社會處之建議，預先分配參與各個案的關懷人員，並直接由所參與各個案的關懷人員自行隨意不記名捐款，待關懷人員到齊後，於現場就所得之款項，依各個案所需關懷濟助款額度進行分配。當場若有不足金額，則由善心有緣人士所提供的「補助基金」撥款補足；若有剩餘善款，則匯入由主聯絡人與聯絡人所共同保管的「補助基金」中，移作下次使用。分配完畢後，於約定時間各組別逕自前往所關懷之個案處所，進行關懷訪視。

㈡ 開放式：當會員們對於個案關懷之工作漸漸嫻熟後，為擴大社會參與面，可事先挑選適當的個案，集中各案件於定時、定點公開陳列，待有緣新加入之會員或非會員身分之善心人士隨機參與，並於現場由幹部負責糾組成關懷小組。另於集會處放置不記名功德箱，由現場來參加之人士隨緣隨力隨意捐款，待所需關懷人數到齊，或時間到後，於現場就功德箱所得之款項，依各個案所需關懷濟助款之額度進行分配。當場若金額不足，則另由前述「補助基金」撥款補足；若有剩餘，則匯入由主聯絡人與聯絡人所共同保管的「補助基金」中，移作下次使用。分配完畢後，各組別依時間逕自前往所關懷之個案處所進行關懷訪視。

㈢ 在前往關懷途中，所有組員當預先瞭解案主基本資料，以作爲關懷視訪之準備。

㈣ 關懷完畢，由各組應主動將個案之關懷情況作簡易式填表記錄，填寫完後交回主聯絡人處，以完成當次的關懷作業。

㈤約進行三次關懷作業後，主聯絡人或核心幹部可視情況提出必要之個案討論，若有須要亦請社工人員列席進行共同討論，並將大眾之建議意見向社工人員反應。

推廣展望

㈠網路化：在不違隱私倫理的前提下，各分會將行善活動、種種心得分享與紀錄短片等自行轉貼於部落格、Youtube 或佛教網頁等處，亦可聯合各分會網站成總合介紹網。以期於網路世界中，廣泛糾集有緣人士，共同加入慈善會的行列，達到遍地開花、處處有善行的效果。

㈡年輕化：藉由各種適當管道進行年輕化之宣導，誘發年輕人發心行善。

㈢校園化：透過適當人士之瞭解與介紹，讓學校主管、老師及教育部官員，正視並感受到它的可行性，也可於各級學校中，以服務社會學分的方式，正式導入成爲教育課程的一環。

㈣國際化：行善乃是超越思想、文化、種族、國家、宗教，以及各種政治立場的人性普世價值，是世界各國人民的最大公約數。本於兼善天下、促進世界和平與提升世界人類之心靈修養的理想。初期可先將行善的力量慢慢地凝聚、累積，未來若有因緣，當將此等小組織、在地化、隨緣隨力隨心意行善的理念與運作經驗，介紹推廣至全世界。

講座紀錄影片

北京大學

二零一五企業家成長高層論壇

作者｜釋法藏
總編輯｜許金興
責任編輯｜賴怡君
攝影｜詹文皓、林鈞鈞、梁清溪、蔡豐澤
裝幀設計｜王胤惠
編排設計｜包佳宜
協助整理｜邱文通
監製｜法妙印經會

出版印刷｜僧伽林文化出版有限公司
241066 新北市三重區明德街 53 號
電話 (02) 2989-5187
http://www.buddhismnet.net

發行｜護生善緣股份有限公司
248724 新北市五股區新城八路 92 號 1 樓
電話 (02) 8295-0288
http://www.wholesome-sharing.com

總經銷｜紅螞蟻圖書有限公司
114066 台北市內湖區舊宗路 2 段 121 巷 19 號
電話 (02) 2795-3656　傳真 (02) 2795-4100
E-mail：red0511@ms51.hinet.net

出版日期｜西元 2022 年 8 月
ISBN｜978-98606669-4-6
GDN｜105003572
定價｜新臺幣 300 元整

國家圖書館出版品編目 (CIP) 資料

佛法與社會企業 Buddha Dharma and Social Enterprise /
釋法藏 著．-- 初版．-- 高雄市：僧伽林文化；新北市：護生善緣，
2022.08
面；14.8x21 公分
ISBN 978-98606669-4-6 (平裝)

---

1. 佛教修持 2. 企業經營

225.87　　105003572